高速智慧化
建管养体系设计与实践

■ 徐 剑 著

哈尔滨出版社
HARBIN PUBLISHING HOUSE

图书在版编目（CIP）数据

高速智慧化建管养体系设计与实践／徐剑著.
哈尔滨：哈尔滨出版社，2025.3. -- ISBN 978-7-5484-8463-9

Ⅰ.U412.36；F540.3；U418
中国国家版本馆 CIP 数据核字第 2025VD2142 号

书　　名：	高速智慧化建管养体系设计与实践

GAOSU ZHIHUIHUA JIANGUANYANG TIXI SHEJI YU SHIJIAN

作　　者：徐　剑　著
责任编辑：李金秋

出版发行：哈尔滨出版社（Harbin Publishing House）
社　　址：哈尔滨市香坊区泰山路 82-9 号　邮编：150090
经　　销：全国新华书店
印　　刷：北京鑫益晖印刷有限公司
网　　址：www.hrbcbs.com
E－mail：hrbcbs@yeah.net

编辑版权热线：（0451）87900271　87900272
销售热线：（0451）87900202　87900203

开　　本：787mm×1092mm　1/16　印张：12.75　字数：208 千字
版　　次：2025 年 3 月第 1 版
印　　次：2025 年 3 月第 1 次印刷
书　　号：ISBN 978-7-5484-8463-9
定　　价：58.00 元

凡购本社图书发现印装错误，请与本社印制部联系调换。
服务热线：（0451）87900279

前　　言

　　在当今快速发展的时代，高速公路作为国家经济和社会发展的重要基础设施，其建设、管理与养护的效率与质量，直接关系交通网络的畅通无阻与民众出行的安全便捷。随着信息技术的飞速进步，高速智慧化建管养体系应运而生，它融合了大数据、云计算、物联网、人工智能等前沿科技，旨在构建一个高效、智能、可持续的高速公路管理体系。这一体系的出现，不仅极大地提升了高速公路的运营效率和服务水平，更为交通行业的转型升级注入了强劲动力。高速智慧化建管养体系的设计与实践，是一个复杂而精细的过程。它要求在深入理解高速公路业务需求的基础上，充分运用现代信息技术手段，对传统的建设、管理与养护模式进行革新，通过搭建智慧化的监控平台，实现对高速公路全天候、全方位的实时监测，及时发现并处理各类异常情况，确保道路的安全畅通。同时，利用大数据分析技术，对海量交通数据进行深度挖掘，为决策支持提供科学依据，优化资源配置，提升管理效能。在实践层面，高速智慧化建管养体系的应用场景广泛且深入。从建设阶段的规划设计、施工监控，到运营阶段的路况预测、事故处理，再到养护阶段的病害监测、维修计划制订，智慧化技术无处不在，发挥着至关重要的作用。这一体系的成功实施，不仅提高了高速公路的通行能力和服务水平，还降低了运营成本，延长了道路使用寿命，实现了经济效益与社会效益的双赢。

　　本书共分为八章，从高速公路智慧化发展的背景与需求出发，全面探讨了高速智慧化建管养的各个方面。第一章至第三章聚焦智慧化建设与实施，首先概述了高速公路智慧化的发展与建管养智慧化需求，随后详细规划了建设体系，包括原则、目标、技术应用策略及智慧化管理与监控，并深入探讨了建设实施的具体策略、管理实践与效果评估。第四章至第六章则转向智慧化管理体系与应急管理体系的构建，涉及组织架构、运营管理、维护管理、应急响应等多个层面,旨在提升高速公路的整体运营效率与应急处理能力。第七章着重于一体化数据平台的搭建,阐述数据采集、处理、分析及应用的全链条智慧化。第八章则强调了信息安全在高速智慧化建管养中的重要性,从威胁分析到防护体系、管理制度及应急响应,全方位保障信息安全。

本书适用于高速公路建设、管理、养护及应急响应相关领域的专业人员,以及关注智慧交通发展的学者与决策者,为推进高速公路智慧化进程提供了全面而深入的参考。

目 录

第一章 高速公路智慧化发展与建管养智慧化需求 ………… 1
    第一节 高速公路智慧化发展 ……………………………… 1
    第二节 高速公路建管养智慧化需求 ……………………… 6

第二章 高速智慧化建设体系规划与设计 ………………… 17
    第一节 建设规划原则与智能化目标 ……………………… 17
    第二节 智能化技术在建设中的应用策略 ………………… 22
    第三节 建设过程的智慧化管理与监控 …………………… 30

第三章 高速公路智慧化建设实施与应用 ………………… 37
    第一节 智能化技术的选型、集成与创新 ………………… 37
    第二节 建设项目施工管理的智慧化实践 ………………… 46
    第三节 建设质量的智慧化监控与保障体系 ……………… 53
    第四节 智慧化建设成果的应用效果评估 ………………… 60

第四章 高速公路智慧化管理体系构建 …………………… 67
    第一节 智慧化管理组织架构与职责划分 ………………… 67
    第二节 运营管理的智能化升级策略与实施 ……………… 77
    第三节 维护管理的智慧化转型路径与模式 ……………… 87
    第四节 管理体系的智慧化效果评估与持续改进 ………… 96

第五章 高速公路智慧化养护体系创新与实践 …………… 103
    第一节 养护技术的智慧化研发与应用 …………………… 103

第二节　养护作业流程的智慧化优化与实施 …………… 108
　　第三节　养护质量的智慧化评估与监控体系 …………… 116
　　第四节　智慧化养护模式的推广策略与效益分析 ………… 121

第六章　高速公路智慧化应急管理体系构建 ……………… 127
　　第一节　应急响应机制的智慧化设计与优化 …………… 127
　　第二节　应急资源的智慧化整合与高效调配 …………… 132
　　第三节　应急演练与培训的智慧化组织与实施 …………… 137
　　第四节　应急管理体系的智慧化效果评估与改进方向 …… 143

第七章　高速智慧化建管养一体化数据平台 ……………… 148
　　第一节　数据平台架构设计与技术选型 ………………… 148
　　第二节　数据采集、存储与处理技术 …………………… 155
　　第三节　数据挖掘、分析与决策支持功能 ……………… 160
　　第四节　数据可视化展示与交互应用 …………………… 166

第八章　高速智慧化建管养中的信息安全保障 …………… 173
　　第一节　信息安全威胁分析与风险评估 ………………… 173
　　第二节　信息安全防护体系的构建与实施 ……………… 178
　　第三节　信息安全管理制度的完善与执行 ……………… 186
　　第四节　信息安全事件的应急响应与处置流程 …………… 190

参考文献 …………………………………………………… 196

第一章　高速公路智慧化发展与建管养智慧化需求

第一节　高速公路智慧化发展

一、高速公路智慧化发展的背景

（一）高速公路里程激增

近年来，我国高速公路建设取得了举世瞩目的成就。据交通运输部公开统计数据显示，自2011年至2023年间，我国高速公路的里程数实现了从7.4万公里到18.36万公里的飞跃式增长，涨幅高达148%。这一数据不仅彰显了我国交通基础设施建设的强劲动力，也反映了国家对提升交通运输能力、促进经济发展的高度重视。随着高速公路路网规模的持续扩大，我国已正式迈入高速公路存量高位运行的新阶段。然而，这一成就的背后，也伴随着养护需求的不断攀升。高速公路作为国民经济的大动脉，其安全、畅通与否直接关系到公众出行安全与经济社会发展大局。因此，面对如此庞大的路网规模，如何确保高速公路的良好运行状态，提升养护效率与质量，成为摆在交通运输部门面前的一项紧迫任务。

（二）智慧养护成为高速公路发展新趋势

面对高速公路养护需求的日益增长，传统的人工养护模式已难以满足现代交通管理的需求。为此，交通运输部于2023年9月发布了《关于推进公路数字化转型 加快智慧公路建设发展的意见》，为高速公路养护工作的智慧化转型指明了方向。该意见强调，提高公路养护智慧化水平是提升养护效率、保障道路安全的关键所在。为实现这一目标,一系列具体举措被提出并付诸实践。其中,推广在线巡检、设施监测、防灾应急等智慧养护应用成为重中之重。这些技术的应用,不仅能够实现对高速公路运行状态的实时监控与预警,还能有效减少人工巡检的频率与强度,提高养护工作的精准度与响应速度。此外,加强养护评价、预测、决策算法模型的研究应用,也是智慧养护不可或缺的一环。通过大数据、云计算等先进技术的融合应用,可以更加科学地评估道路状况,预测养护需求,为养护决策提供有力支撑,从而推动高速公路养护工作迈向智能化、精细化的新阶段。

二、高速公路智慧化发展的特点

高速公路智慧化发展正逐步成为现代交通的新常态。通过现代前沿技术,高速公路实现了从传统交通设施向智能交通系统的华丽转身,这一变革不仅提升了公路的服务质量,还为人们带来了更加便捷、安全、绿色的出行体验。目前,高速公路智慧化发展主要呈现出智能化、信息化、安全化、自我修复、绿色化等主要特点,如图 1-1 所示。

图 1-1 高速公路智慧化发展的特点

(一)智能化

智慧公路的智能化特点是其最为核心的特征之一。通过集成先进的智能化设备和技术,如高精度定位传感器、车载通信系统、智能路侧单元等,智慧公路构建了一个全方位的智能感知网络。这一网络不仅使车辆能够实时感知自身及周边环境,如车道线、障碍物、其他车辆位置及速度等,还实现了车辆与道路基础设施之间的双向通信。在此基础上,车辆可以自动进行跟驰、换道、超车等复杂驾驶操作,甚至在未来完全实现无人驾驶。智能化技术的应用,极大地提升了驾驶的便捷性和舒适度,同时也为交通管理提供了更为精细化的控制手段,使得交通流更加顺畅,通行效率显著提高。

(二) 信息化

信息化是智慧公路不可或缺的重要组成部分。依托强大的数据采集、处理与传输能力,智慧公路能够实时收集并整合来自各类智能设备的信息,包括路况、车速、天气状况、交通管制措施等。这些信息通过云计算平台进行处理后,可以迅速传递给驾驶员、交通管理者以及相关部门,为决策提供有力支持。驾驶员可以通过车载显示屏或手机 App 获取实时路况信息,规划最佳行驶路线;交通管理者则能根据这些数据对交通流进行动态调整,有效缓解拥堵,提高道路通行能力。此外,信息化还为智慧公路的远程监控、故障预警及应急响应提供了可能,进一步提升公路的安全性和管理效率。

(三) 安全化

安全是交通出行的首要考量。智慧公路通过智能化技术的应用,将安全性提升到了新的高度。车辆与道路、车辆之间的实时通信和协同,使得驾驶过程中的潜在风险能够被及时发现并有效规避。例如,当车辆即将驶入危险区域或与其他车辆存在碰撞风险时,智慧公路系统能够迅速发出预警信号,甚至自动采取制动措施,避免事故的发生。同时,智慧公路还具备对交通违规行为的自动识别与处理能力,能够及时纠正驾驶员的不当操作,降低交通事故的发生率。此外,通过实时监测道路状况,智慧公路能够及时发现并处理路面破损、障碍物等安全隐患,确保道路环境的持续安全。

(四) 自我修复

智慧公路的自我修复特性是其智慧化水平的重要体现。通过集成先进的传感器网络和智能控制系统,智慧公路能够实时监测道路设施的状态,包括路面、桥梁、隧道等关键部位的健康状况。一旦监测到异常情况,如路面裂缝、桥梁结构变形等,系统能够立即启动应急响应机制,自动调度维护资源进行处理。在某些情况下,智慧公路甚至能够利用机器人等自动化设备进行快速修复,大大缩短了维修周期,减少了交通中断的时间。这种自我修复的能力不仅提高了公路的可靠性和耐久性,还降低了维护成本,为公路的长期运营提供了有力保障。

(五)绿色化

绿色化指高速公路在规划与设计阶段,就充分考虑了节能减排、资源循环利用等因素,采用低碳、零排放的技术和材料。例如,利用太阳能光伏板为路灯和智能设备供电,减少化石能源的消耗;采用环保材料铺设路面,降低车辆行驶过程中的噪声和排放。在运营过程中,智慧公路通过智能化管理手段,优化交通流,减少拥堵和不必要的停车,从而降低车辆的燃油消耗和尾气排放。此外,智慧公路还鼓励使用电动汽车等清洁能源交通工具,并为其提供便捷的充电服务,进一步推动交通行业的绿色转型。通过这些措施,智慧公路不仅提升了交通效率,还为保护生态环境、实现可持续发展做出积极贡献。

三、高速公路智慧化发展的现状

(一)市场规模不断扩大

1. 城市化与交通需求驱动智慧高速市场规模扩张

随着城市化进程的加速推进,人口向城市聚集,交通需求急剧增长,传统高速公路面临着前所未有的压力。为了缓解交通拥堵、提升道路通行效率,智慧高速应运而生,并迅速成为市场的新宠。智慧高速通过集成先进的物联网、大数据、云计算等技术,实现了对车流、路况的实时监测与智能调度,有效提升了道路通行能力和安全性。随着城市化进程的深入,越来越多的城市开始规划和建设智慧高速项目,市场需求持续扩大,推动了智慧高速市场规模的快速扩张。

2. 智慧高速技术创新推动市场规模增长

技术创新是智慧高速市场规模扩大的重要驱动力。近年来,随着人工智能、大数据、云计算等新一代信息技术的不断进步,智慧高速的建设和应用水平得到了显著提升。智能交通管理系统、自动驾驶技术、车路协同系统等创新应用的不断涌现,为智慧高速的发展注入了新的活力。这些技术的应用不仅提高了智慧高速的服务质量,还降低了运营成本,增强了市场竞争力。随着技术创新的不断深入,智慧高速的市场需求将持续扩大,市场规模也将进一步增长。同时,政府政策的支持和社会资本的涌入也为智慧高速市场规模的扩大提供了有力保障。

(二)技术创新不断

1. 新一代信息技术助力智慧高速建设

在科技日新月异的今天,人工智能、大数据、云计算等新一代信息技术的蓬勃发展,为智慧高速的建设注入了前所未有的活力与更多的可能。这些技术的不断革新,不仅极大地丰富了智慧高速的内涵,更为其高效、安全、智能运行提供了坚实的技术保障。以智能交通管理系统为例,在新一代信息技术的加持下,该系统正逐步迈向更加完善的境地。通过集成先进的感知设备与算法模型,系统能够实时捕捉并分析道路状况、车辆行驶轨迹等多元数据,进而实现对交通状况的精准感知与预测。这种实时性的信息处理能力,对于驾驶员而言,意味着可以更加及时地获取路况信息,合理规划行驶路线,有效避免拥堵与事故;而对于交通管理者来说,则能够依据系统提供的精准数据,做出更为科学的决策,优化交通资源配置,提升交通整体运行效率。

2. 技术创新推动智慧高速迈向新高度

随着人工智能技术的持续进步,智慧高速在交通管理、安全监控、应急响应等方面的智慧化水平将得到显著提升。例如,在交通管理方面,通过深度学习等先进算法的应用,系统能够自动识别并处理交通违规行为,提高交通执法的效率与准确性。同时,大数据技术的广泛应用,使得智慧高速能够全面收集并分析海量交通数据,挖掘出潜在的交通规律与趋势,为交通规划与管理提供科学依据。此外,云计算技术的引入,更是为智慧高速提供了强大的数据存储与处理能力,使得系统能够高效处理各类实时数据,确保信息的及时传递与共享。这些技术创新的不断融合与应用,不仅让智慧高速在功能上更加完善,更在性能上实现了质的飞跃,为构建更加安全、高效、绿色的交通运输体系奠定了坚实基础。

第二节　高速公路建管养智慧化需求

一、高速公路建设智慧化需求

(一)信息技术融合

1. 信息技术在智慧高速公路中的深度融合

智慧高速公路作为现代交通系统的重要组成部分,其建设与发展离不开信息技术的深度融合。在这一过程中,先进的信息技术如物联网、大数据、云计算等被广泛应用,它们为高速公路的智慧化管理提供了强大的技术支持。物联网技术使得车辆、道路设施与管理中心之间能够实现实时通信,从而精确掌握路况信息,为调度决策提供数据支撑。大数据技术通过对海量交通数据的挖掘与分析,揭示出交通流的变化规律,为优化道路布局、提升通行效率提供科学依据。而云计算技术的应用,则极大地提高了数据处理与存储的能力,使得智慧高速公路能够应对日益增长的交通数据量。信息技术的深度融合不仅提升了智慧高速公路的管理水平,还促进了车辆、道路与使用者之间的紧密联系。通过车载智能终端与道路感知设备的互联互通,车辆能够实时获取前方路况、施工信息、天气状况等关键信息,从而做出更加合理的行驶决策。同时,道路管理中心也能根据车辆的行驶状态与位置信息,进行精准的交通引导与调度,有效避免交通拥堵与事故的发生。这种信息技术的深度融合,使得智慧高速公路成为一个高度协同、安全高效的运输系统,极大地提升了公路运输的效率与质量。

2. 多种技术融合构建智慧高速公路新生态

数据通信技术保证了车辆与道路之间信息的快速、准确传输,使得交通信息的实时更新成为可能。而电子控制技术则通过对道路设施的智能控制,如智能交通信号灯、可变车道等,实现了对交通流的动态调节,提高了道路的通行能力。其中系统集成技术是将上述各种技术有机地整合在一起,形成一个统一、高效的管理平台,为智慧高速公路的运营管理提供强有力的支持。多种技术的融合,不仅提升了智慧高速公路的智慧化水平,还为其带来了更加丰富的应用场景。例如,通过车路协同系统,车辆能够提前感知前方的障碍物或紧急情况,从而采取避让措施,保障行车安全;通过智能收费系统,车辆能够实现不停车收费,大大提高了通行效率;通过智能养护系统,道路设施能够得到及时的检测与维修,延长了使用寿命。这些应用场景的实现,都离不开多种技术的融合与创新应用,它们共同构建了智慧高速公路的新生态,为现代交通系统的发展注入了新的活力。

(二)智能化系统普及

1. 大数据分析与 AI 算法是高速公路建设的智能引擎

在高速公路建设的广阔舞台上,大数据分析与人工智能算法正携手演绎一场前所未有的智能化变革。通过深度整合这两大技术,高速公路的建设过程被赋予了前所未有的智能与高效。在路线规划阶段,大数据分析技术能够全面搜集并处理地理、环境、交通流量等多维度数据,为规划者提供详尽而准确的基础信息。基于这些数据,人工智能算法能够自动进行路线选择,确保高速公路既满足交通需求,又最小化对自然环境的影响。同时,在施工材料的管理上,智能化系统通过实时监测库存与消耗情况,结合大数据分析预测未来需求,实现材料的精准调配与高效利用,有效降低了建设成本并提升了管理效率。在施工过程中,人工智能算法的应用更是让施工监控变得精准而高效。通过集成先进的图像识别与处理技术,系统能够自动检测施工现场的安全隐患与质量问题,及时发出预警并辅助施工人员快速采取应对措施。这种智能化的监控方式,不仅大大提高了施工安全性,还有效保障了工程质量,使得高速公路的建设过程更加可靠与可控。此外,智能化系统还能够对施工进度进行实时跟踪与预测,为项目管理团队提供科学的决策支持,确保项目按时按质完成。综上所述,大数据分析与人工智能算法已成为高速公路建设的智能引擎,推动着建设过程向更高层次的智能化与高效化迈进。

2. 物联网技术是高速公路建设的智慧纽带

物联网技术作为连接物理世界与数字世界的桥梁,正以其独特的优势深度融入高速公路建设之中,成为推动建设过程智能化的重要纽带。通过物联网技术,高速公路建设现场的各类设备、材料乃至施工人员都能被有效连接,形成一个庞大的智能网络。在这个网络中,物联网技术能够实时收集并传输各类数据,如设备状态、材料消耗、人员位置等,为管理者提供了全面且及时的现场信息。基于这些数据,智能化系统能够实现对施工过程的精细化管理。例如,在设备管理方面,物联网技术能够实时监测设备的运行状态与故障情况,及时安排维修与保养,确保设备的稳定运行与高效利用。在人员管理方面,通过物联网技术追踪施工人员的位置与活动轨迹,不仅可以优化人员配置,还能在紧急情况下迅速定位并疏散人员,保障施工安全。此外,物联网技术还能够与环境监测系统相结合,实时监测施工现场的空气质量、噪声水平等环境指标,为环保施工提供有力支持。可以说,物联网技术以其强大的连接与传输能力,为高速公路建设搭建起一条智慧的纽带,将建设过程的各个环节紧密相连,共同推动高速公路建设向更加智能化、高效化的方向发展。

(三)绿色环保

1. 高速公路建设中的绿色环保理念践行

在当今社会,随着人们对生态环境保护意识的日益增强,绿色环保理念已逐渐渗透到各个行业领域,高速公路建设自然也不例外。在高速公路的建设过程中,注重绿色环保不仅是对国家生态文明建设政策的积极响应,更是对子孙后代负责的体现。为了实现这一目标,采用环保材料成为首要选择。环保材料具有低污染、可回收、节约资源等特点,能够在源头上减少建设过程中的环境污染。例如,使用环保型沥青、再生混凝土等材料,不仅能有效降低有害物质排放,还能实现资源的循环利用。此外,节能技术的引入也是绿色环保理念在高速公路建设中的重要体现。通过优化施工工艺、采用智能化管理系统等手段,可以显著降低施工过程中的能耗和排放,减轻对周边环境的影响。在高速公路的运营阶段,绿色环保同样不可忽视。推广使用新能源汽车、建设绿色服务区、采用雨水收集利用系统等措施,都是降低运营能耗、减少环境污染的有效途径。这些举措不仅有助于提升高速公路的整体品质,还能为公众提供更加舒适、健康的出行环境。通过践行绿色环保理念,高速公路建设正逐步向绿色、低碳、可持续的方向发展,为构建生态文明社会贡献力量。

2. 推动公路与生态环境和谐共生的绿色战略

高速公路作为现代交通网络的重要组成部分,其建设与发展对于促进区域经济发展、提高人民生活水平具有重要意义。而在享受高速公路带来便利的同时,我们也必须正视其对生态环境造成的影响。为了推动高速公路与生态环境的和谐共生,我们必须采取一系列绿色战略。其中,降低建设和运营过程中的能耗和排放是绿色战略的核心。通过采用先进的节能技术和环保材料,我们可以从源头上减少对环境的破坏。同时,加强生态环境的恢复与保护也是至关重要的一环。在高速公路建设过程中,应注重对沿线生态环境的保护与修复,通过植树造林、保护湿地等措施,恢复受损生态系统,提高生物多样性。此外,绿色战略还强调公众参与与环保教育。通过加强环保宣传,提高公众对高速公路建设环保重要性的认识,鼓励公众积极参与环保行动,共同维护生态环境。同时,将环保教育纳入高速公路建设与管理培训体系,提升从业人员的环保意识与专业能力,为绿色战略的深入实施提供有力保障。

二、高速公路管理智慧化需求

(一)全方位监控

1. 智能监控系统是道路安全的守护神

在智慧高速公路的建设中,智能监控系统扮演着至关重要的角色,它如同道路安全的守护神,时刻守护着每一条高速公路的安全与畅通。智能监控系统通过高清摄像头、雷达、传感器等多种设备,实时捕捉道路上的每一条动态信息,无论是车辆行驶状态、行人穿越情况,还是路面损坏、天气变化等,都能被系统精准感知并记录下来。这样的全方位监控,为交通管理部门提供了第一手的路况信息,使得对交通违法和违规行为的监管变得更加高效与精准。智能监控系统不仅具备实时监控的能力,还能对监控数据进行深度分析与挖掘。通过对历史交通数据的比对与分析,系统能够识别出潜在的交通安全隐患,如频繁违规的路段、事故多发的时间段等,为交通管理部门提供有针对性的整改建议。同时,系统还能对交通违法行为进行自动识别与记录,如超速、压线行驶、违规变道等,为交警执法提供确凿的证据支持,有效震慑了交通违法行为,维护了道路秩序与安全。

2. 大数据与 AI 是交通管理的智慧大脑

在智慧高速公路的管理中,大数据与人工智能技术如同交通管理的智慧大脑,为管理决策提供了科学依据与智能支持。通过智能监控系统收集的海量交通数据,大数据技术能够对其进行清洗、整合与分析,揭示出交通流量的变化规律、拥堵瓶颈的成因等深层次信息。这些信息对于交通管理部门来说,无疑是一笔宝贵的财富,它们能够帮助管理者更加准确地把握交通状况,制定出更加科学合理的交通管理策略。而人工智能技术的应用,则让交通管理变得更加智能化与富有前瞻性。通过机器学习算法,系统能够根据历史交通数据预测未来的交通流量,为交通管理部门提供预警与决策支持。例如,在预测到某个时段某路段可能会出现严重拥堵时,系统可以提前发布交通预警信息,引导车辆绕行或错峰出行,从而有效缓解交通压力。此外,人工智能还能辅助交通管理部门进行交通规划与设计,如优化道路布局、设置合理的交通信号灯配时等,进一步提升道路的通行效率与安全性。大数据与人工智能技术的融合应用,为智慧高速公路的管理注入了强大的智慧力量,推动了交通管理向更加智能化、精细化的方向发展。

(二)全方位辅助支持

1. 云控中心是智慧高速公路的"管理大脑"

在智慧高速公路的宏伟蓝图中,云控中心作为其核心枢纽,不仅是公路管理的"智慧大脑",更是实现人、车、路、环境和谐统一的关键所在。云控中心通过集成先进的信息技术,如大数据分析、人工智能算法等,为管理者提供了前所未有的全方位辅助支持。在实时监控方面,云控中心能够 24 小时不间断地监测高速公路上的交通状况、设备运行状态以及环境参数,确保任何异常情况都能被及时发现并处理。这种全天候的监控能力,为公路的安全运营提供了坚实的保障。云控中心还具备强大的趋势分析能力。通过对历史数据的深入挖掘与分析,它能够预测交通流量的变化趋势、设备故障的潜在风险以及可能的环境影响,为管理者提供科学的决策依据。这种前瞻性的分析能力,使得公路管理更加主动、高效,有效避免了因缺乏预见性而导致的各类问题。同时,云控中心的事件预警功能也是其不可或缺的组成部分。无论是交通事故、设备故障还是恶劣天气,云控中心都能在第一时间发出预警,为管理者提供足够的反应时间,确保应急措施能够迅速、准确地实施。

2. 应急指挥是云控中心下的高效响应体系

在智慧高速公路的管理体系中,云控中心的应急指挥功能无疑是其最为亮眼的撒手锏。面对突如其来的紧急情况,云控中心能够迅速启动应急响应机制,调动各方资源,确保救援力量能够第一时间到达现场。这种高效的响应体系,得益于云控中心对各类应急资源的全面整合与优化配置。无论是救援队伍、救援设备还是医疗物资,云控中心都能在短时间内实现精准调度,为救援工作提供有力的支持。此外,云控中心还通过模拟演练、预案制定等方式,不断提升应急指挥的实战能力。它不仅能够根据不同类型的紧急情况制定个性化的救援方案,还能在救援过程中实时调整策略,确保救援行动的高效与有序。这种灵活多变的应急指挥能力,为智慧高速公路的安全运营提供了又一道坚实的防线。在云控中心的全方位辅助支持下,智慧高速公路的管理者能够更加从容地应对各种挑战,确保公路的畅通无阻与行车安全,真正实现人、车、路、环境的和谐统一。

(三)跨领域融合

1. 高速公路管理智慧化是跨界融合的创新驱动力

在科技日新月异的今天,高速公路管理的智慧化已成为行业发展的必然趋势。这一进程并非孤立存在,而是需要与其他行业进行深度的跨界融合,共同推动行业的创新发展。汽车制造业作为与高速公路紧密相联的产业,其智能化、网联化的发展趋势为高速公路管理智慧化提供了强大的技术支持。通过汽车与高速公路基础设施的互联互通,可以实现车辆行驶状态的实时监控、路况信息的精准推送以及紧急情况的快速响应,极大地提升了高速公路的安全性和通行效率。同时,交通运营服务行业的融入也为高速公路管理智慧化带来了新的机遇。借助大数据、云计算等先进技术,交通运营服务可以实现对高速公路运营数据的全面采集和深度分析,为管理决策提供科学依据。此外,通过与互联网行业的跨界合作,高速公路管理可以打破信息孤岛,实现信息的共享与互通,为公众提供更加便捷、高效的出行服务。信息服务行业的加入,进一步丰富了高速公路管理的内涵,通过提供个性化的信息服务,满足公众多样化的出行需求。这种跨界融合不仅促进了高速公路管理智慧化水平的提升,还推动了相关产业的协同发展。各行业在融合过程中相互借鉴、优势互补,共同探索智慧交通的新模式、新业态,为高速公路行业的创新发展注入了强大的动力。

2. 智慧高速公路是跨领域融合下的产业升级新路径

智慧高速公路的建设与发展,离不开与其他行业的跨领域融合。这一融合过程不仅是技术上的交流与合作,更是产业生态的重构与升级。与汽车制造业的融合,使得智慧高速公路能够充分利用汽车的智能化技术,实现车路协同、自动驾驶等前沿应用,为公众带来更加安全、舒适的出行体验。同时,这也为汽车制造业提供了新的市场空间和发展机遇,推动了汽车产业的转型升级。交通运营服务行业的融入,为智慧高速公路的运营管理带来了全新的模式。通过整合交通运营资源,优化运营流程,可以提高高速公路的运营效率和服务质量。与互联网行业的深度融合,使得智慧高速公路能够借助互联网平台的优势,实现信息的快速传播与共享,为公众提供更加便捷、智能的出行服务。这也为互联网行业拓展了新的应用场景和业务领域。在跨领域融合的背景下,智慧高速公路行业的产业升级已初现端倪。各行业在融合过程中不断碰撞出新的火花,催生出新的产品和服务模式,为行业的持续发展注入了新的活力。

三、高速公路养护智慧化需求

(一) 智能化养护需求

1. 在线巡检与设施监测的革新实践

在高速公路养护领域，智慧养护支持正逐步成为提升养护效率和准确性的关键力量。其中，在线巡检与设施监测作为智慧养护的核心环节，正引领着养护模式的深刻变革。传统的人工巡检方式不仅劳动强度大，而且难以实现对道路设施的全面、实时监控。然而，随着无人机、智能巡检车等先进设备的引入，这一难题得到了有效破解。无人机凭借其高空作业、灵活机动的特点，能够迅速覆盖大面积的道路区域，进行高效、精准的巡检。通过搭载高清摄像头和智能识别系统，无人机能够实时捕捉道路病害信息，如裂缝、坑洼、剥落等，为养护人员提供翔实的数据支持。同时，智能巡检车通过车载传感器和检测系统，对道路设施进行全方位、多维度的监测，及时发现并预警潜在的安全隐患。而在线巡检与设施监测的智慧养护支持，不仅极大地减轻了人工巡检的强度和频率，还显著提高了养护的准确性和效率。通过实时数据的采集与分析，养护人员能够迅速掌握道路设施的状况，制订科学合理的养护计划，确保高速公路的安全畅通。这一革新实践，不仅提升了高速公路的养护水平，还为公众提供了更加安全、舒适的出行环境。

2. 防灾应急的智能化升级

在高速公路养护中，防灾应急是确保道路安全、保障公众生命财产安全的重要环节。智慧养护支持的应用，为防灾应急工作带来了智能化的升级。通过整合气象数据、地质信息以及道路监测数据，智慧养护系统能够实时分析、预测可能发生的自然灾害和突发事件，为养护人员提供及时的预警信息。在灾害发生时，智慧养护支持能够迅速启动应急响应机制，调动无人机、智能巡检车等设备进行现场勘查和灾情评估，为救援工作提供第一手资料。同时，通过智能调度系统，可以高效组织救援力量和物资，确保救援工作的及时、有序进行。此外，智慧养护支持还能够对灾害过程进行全程记录和分析，为后续的灾害防治和养护工作提供宝贵的经验和数据支持。防灾应急的智能化升级，不仅提升了高速公路养护的应急响应能力和处置效率,还增强了养护工作的预见性和主动性。通过智慧养护支持的应用,我们能够更加有效地应对自然灾害和突发事件,确保高速公路的安全稳定运行,为公众提供更加可靠、安心的出行保障。

(二)大数据分析预测养护需求

1. 大数据开启精准预测养护需求的新篇章

在智慧高速公路的养护管理中,大数据分析正逐渐成为预测养护需求的利器。通过深入挖掘海量数据,如交通流量、路面状况、气象信息、车辆类型等,养护评价、预测、决策算法模型得以构建并不断优化。这些模型能够精准捕捉公路养护的细微变化与潜在趋势,为养护需求的预测提供科学依据。例如,通过对历史路面损坏数据与交通流量、重载车辆比例的分析,模型能够预测出未来一段时间内特定路段的损坏概率及程度,从而提前制订养护计划,避免病害的进一步发展,减少养护成本。大数据分析不仅提高了养护预测的准确性,还使得养护计划更加科学合理。传统的养护计划往往基于经验制订,缺乏数据支持,而大数据模型能够综合考虑多种因素,如季节变化、材料性能衰减等,为养护计划的制订提供全面、精准的参考。这种以数据为驱动的养护计划,不仅提高了养护的针对性,还确保了资源的合理分配,提升了养护工作的整体效益。

2. 数据模型评估是养护效果优化的新路径

在养护计划的执行过程中,数据模型的应用并未止步于预测与计划制订。相反,它还承担着对养护效果进行评估与优化的重任。通过实时监测养护后的路面状况、设备性能等数据,并与预期效果进行对比,数据模型能够客观反映养护工作的实际效果,为养护质量的评估提供量化指标。这种基于数据的评估方式,避免了传统评估中的主观性与不准确性,使得养护效果的评估更加公正、科学。更为重要的是,数据模型还能根据评估结果对养护策略进行动态调整与优化。一旦发现某些养护措施效果不佳或存在改进空间,模型能够迅速反馈,为管理者提供优化建议。这种持续优化的过程,不仅提高了养护工作的效率与质量,还促进了养护技术的不断进步与创新。在大数据的助力下,智慧高速公路的养护管理正逐步迈向精细化、智能化的新阶段,为公众提供更加安全、舒适的出行环境。

(三)全生命周期管理

1. 智慧高速公路的全生命周期管理理念

智慧高速公路的建设与养护,正逐步向全生命周期管理的理念转变。这一理念强调,从项目的最初设计阶段开始,就应充分考虑智慧化的需求,为后续的建设、运营与维护打下坚实的基础。在设计阶段,通过引入先进的智能设计理念和技术,如建筑信息模型(BIM)技术,可以实现道路设计的三维可视化与模拟分析,提前发现并解决潜在的设计问题,确保道路设计的科学性与合理性。同时,设计阶段还应规划好智能监控、通信、照明等基础设施的布局,为智慧高速公路的后续建设提供明确的指导。进入建设阶段,智慧高速公路的全生命周期管理理念要求施工单位严格按照设计要求进行施工,确保各项智能设施的安装与调试质量。此外,建设过程中还应注重数据的收集与整理,为后续的运营与维护提供翔实的基础数据。运营阶段,智慧高速公路通过智能监控系统实时掌握道路状况,及时发现并处理各种异常情况,确保道路的畅通与安全。同时,运营部门还应利用大数据和人工智能技术,对交通流量、车辆类型、行驶速度等数据进行深入分析,为道路的优化与管理提供科学依据。

2. 全生命周期数据库与信息平台的构建

实现智慧高速公路的全生命周期管理,离不开全生命周期数据库和信息平台的构建。全生命周期数据库是智慧高速公路养护管理的核心,它涵盖了从设计、建设到运营、维护等各个阶段的全部数据。这些数据包括道路设计参数、施工记录、设备信息、养护历史、交通流量数据等,是养护决策的重要依据。通过构建统一的全生命周期数据库,可以实现养护数据的集中存储与管理,避免数据的重复录入与丢失,提高数据的准确性与可靠性。信息平台是全生命周期管理的重要支撑。它基于全生命周期数据库,通过先进的信息技术,如云计算、大数据处理、物联网等,实现养护数据的共享与协同管理。信息平台能够实时展示道路状况、设备状态、养护进度等信息,为养护人员提供直观、全面的养护视图。同时,信息平台还支持远程监控与诊断,使得养护人员能够及时

■ 高速智慧化建管养体系设计与实践

发现并处理道路上的问题,提高养护工作的效率与响应速度。通过全生命周期数据库与信息平台的构建,智慧高速公路的养护工作变得更加系统、协同与高效,为道路的长期安全运营提供了有力保障。

第二章 高速智慧化建设体系规划与设计

第一节 建设规划原则与智能化目标

一、高速智慧化建设规划原则

高速智慧化建设规划原则旨在指导高速公路向智能化、高效化、安全化方向转型,确保建设过程科学、合理且可持续,这就需要遵循着以下这几个原则,如图2-1所示。

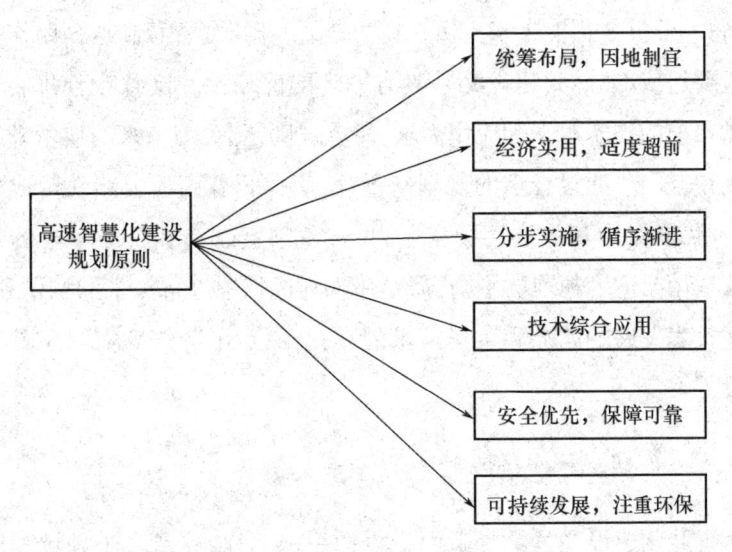

图2-1 高速智慧化建设规划原则

（一）统筹布局,因地制宜

在高速智慧化建设的宏伟蓝图中,统筹布局、因地制宜是首要遵循的原则。这一原则强调,智慧高速公路的规划与设计不能一刀切,而应充分考虑各

· 17 ·

地的实际情况与特色。区域特征,如地理环境、气候条件、经济发展水平等,都是影响智慧高速公路建设的重要因素。行政等级决定了道路的建设标准和服务水平,不同等级的道路在智慧化建设上应有不同的侧重点。工程特点,包括道路的长度、宽度、坡度、曲率等,也会直接影响智慧化设施的选择与布局。交通流量和功能定位是决定智慧化建设规模和深度的关键,流量大、功能复杂的道路需要更高级别的智能化支持。因此,在规划阶段,必须对这些因素进行全面而深入的分析,确保建设方案既能满足整体的网络布局要求,又能充分适应地方的具体需求和特色。通过科学合理的规划,实现智慧高速公路的差异化发展,使其更好地服务于区域经济和社会发展,提升道路使用者的出行体验。

(二)经济适用,适度超前

智慧高速公路的建设投入巨大,必须充分考虑经济效益,避免浪费。这要求我们在规划时,要紧密结合实际需求,选择性价比高、实用性强的技术和设备,确保每一分投入都能带来实实在在的效益。同时,智慧高速公路作为未来交通的重要组成部分,其建设必须具有一定的前瞻性。这意味着我们不能仅仅满足于当前的技术水平和应用需求,而应适度超前,为未来的技术升级和业务拓展预留空间。通过合理的规划与设计,确保智慧高速公路在建成后的一段时间内,仍能保持其先进性和竞争力,避免频繁改造和升级带来的额外成本。经济适用与适度超前的平衡,需要在规划过程中进行深入的调研和分析,准确把握技术发展的趋势和市场需求的变化,制定出既符合实际又具有前瞻性的建设方案。

(三)分步实施,循序渐进

高速智慧化建设是一个复杂而庞大的系统工程,涉及多个领域和层面的技术集成与创新。因此,分步实施、循序渐进成为确保建设成功的关键原则。这一原则要求我们在规划时,将整个建设过程划分为若干个阶段和步骤,每个阶段都有明确的目标和任务。通过分阶段、分步骤的实施,我们可以有效地控制建设的进度和质量,确保每个阶段都能达到预期的效果。同时,这种循序渐进的方式也有助于我们及时发现问题并进行调整,避免因为一次性投入过大或技术不成熟而导致的建设风险。在分步实施的过程中,还应注重经验的总结和积累,为后续阶段的建设提供有益的参考和借鉴。通过不断的迭代和优化,逐步推动智慧高速公路向更高层次的智慧化迈进,最终实现全面智慧化的目标。

(四) 技术综合应用

在高速智慧化建设的宏伟蓝图中,技术综合应用无疑是推动其不断前行的创新驱动力。这一原则强调积极拥抱新技术、新材料、新工艺、新产品,确保现有技术的充分利用,并为未来技术的发展预留充足空间。智慧高速公路的建设不仅仅是传统技术的简单堆砌,更是信息技术、数据通信技术、电子控制技术和系统集成技术等现代科技深度融合的结晶。通过综合运用这些先进技术,智慧高速公路能够实现交通信息的实时采集、高效传输与智能处理,为管理者提供全面、准确的决策支持。同时,技术综合应用还意味着智慧高速公路建设应保持高度的灵活性与可扩展性。随着科技的飞速进步,新的技术、材料、工艺和产品将不断涌现,智慧高速公路的建设规划应充分考虑这一点,为未来技术的接入与升级预留接口与空间,确保系统能够持续迭代升级,保持技术领先性。这种前瞻性的规划理念,将为智慧高速公路的长期可持续发展奠定坚实基础。

(五) 安全优先,保障可靠

智慧高速公路作为现代交通体系的重要组成部分,其安全性直接关系到道路使用者的生命财产安全。因此,智慧高速公路的建设必须将安全放在首位,确保所有智慧化设施和系统都能稳定可靠地运行。这要求在规划、设计、建设、运营等各个环节都严格遵守安全标准,采用先进的安全技术和管理措施。例如,通过安装智能监控设备,实时监测道路状况,及时发现并处理安全隐患;利用大数据分析和人工智能技术,预测交通流量和事故风险,为管理者提供科学的决策依据;加强网络安全防护,确保交通信息系统的安全稳定运行。只有这样,我们才能为道路使用者提供一个安全、可靠的出行环境,让智慧高速公路真正成为人们出行的首选。

(六)可持续发展,注重环保

随着全球气候变化的日益严峻,减少碳排放、降低对自然资源的消耗已成为各行各业共同的责任。智慧高速公路作为现代交通的标杆,更应秉持绿色建设理念,引领交通行业的绿色发展潮流。这要求在智慧高速公路的建设中,积极采用环保材料和技术,减少施工过程中的能源消耗和环境污染;优化交通路线设计,提高通行效率,减少车辆拥堵和排放;加强生态修复与绿化工作,恢复和保护沿线生态环境。同时,智慧高速公路还应充分利用其智能化优势,通过智能调度和管理,实现交通资源的优化配置,进一步降低交通对环境的影响。只有这样才能确保智慧高速公路的建设与运营既满足当前需求,又不损害未来的发展权益,真正实现交通与自然的和谐共生。

二、高速建设规划智能化目标

高速建设规划智能化目标的重要性在于不仅能提升路面运行效能,减少交通拥堵和事故,还能增强道路安全性,为驾驶员提供更加舒适、安全的行车环境。通过引入先进的信息技术,如大数据、人工智能、物联网等,实现对高速公路的全面监测与控制,提高交通的流畅性和安全性。智能化建设是现代交通发展的重要趋势,对于促进经济社会的可持续发展具有重要意义,主要目标包含全域感知、智慧服务、智能管控、车路协同等。

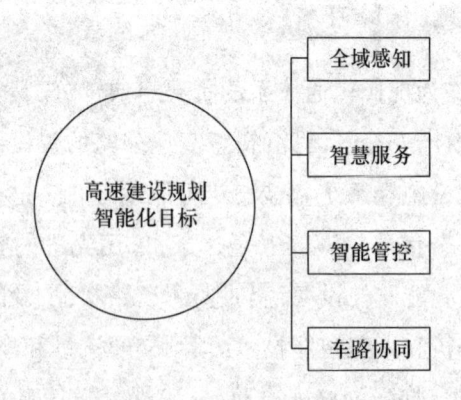

图 2-2 高速建设规划智能化目标

（一）全域感知

在高速公路建设规划的智能化目标中，全域感知是首要且关键的一环。它依赖先进的智能监控系统和各类精密传感器，这些设备如同高速公路的神经末梢，密布于全路段，实时捕捉道路上的每一条动态信息。交通流量的大小、车辆行驶的状态、路面的实时状况，乃至天气变化对道路的影响，都逃不过这些智能"眼睛"的洞察。这些数据是高速公路管理的"血液"，它们流淌在智能化的脉络中，为管理决策提供了坚实的数据支撑。通过对这些数据的深度挖掘和分析，管理者能够准确把握高速公路的运行状态，及时发现潜在的问题，为交通疏导、事故预防、路面维护等提供科学依据。全域感知的实现，不仅提升了高速公路的管理效率，更为道路使用者提供了更加安全、顺畅的行车环境。

（二）智慧服务

智慧服务是高速公路建设规划智能化目标中的重要组成部分。它旨在利用大数据、人工智能等前沿技术，为道路使用者打造一场前所未有的个性化出行体验。在这个智能化的时代，每一位驾驶员都能享受到量身定制的服务。通过智能平台，驾驶员可以轻松查询实时路况，避开拥堵路段，选择最优路线；系统还能根据驾驶员的出行习惯和偏好，为其规划最合适的行程；在紧急情况下，智慧服务系统能迅速响应，提供准确的救援信息和指导，确保驾驶员的安全。这些智能化的服务，不仅让出行变得更加便捷、高效，更让驾驶员在每一次出行中都能感受到温暖和关怀。

（三）智能管控

智能管控是高速公路建设规划智能化目标中的核心环节。它通过对交通流的精准控制和智能调度，实现对高速公路交通组织的全面优化。智能信号控制系统能够根据实时交通状况，灵活调整信号灯的时序和配比，确保交通流的顺畅通行；智能调度系统通过对车辆行驶轨迹的预测和分析，提前进行交通组织调整，有效缓解交通拥堵。这些智能管控手段的应用，不仅提高了高速公路的通行效率,还显著降低了交通事故的发生率。通过智能化的管理,高速公路变得更加"聪明",它能够根据实时情况做出最优的决策,为道路使用者提供更加安全、高效的行车环境。智能管控的实现,是高速公路建设规划智能化目标迈出的重要一步,也是未来交通发展的重要方向。

(四)车路协同与自动驾驶支持

在高速公路建设规划的智能化目标中,车路协同与自动驾驶支持无疑是最具前瞻性和革命性的环节。这一目标的实现,将为自动驾驶汽车提供路端的技术支撑,实现车与路的深度协同,从而开启交通安全与效率的新纪元。车路协同技术通过实时交换车辆与道路之间的信息,使车辆能够"感知"道路的状况和其他车辆的行驶意图,从而做出更加智能、安全的驾驶决策。自动驾驶支持进一步推动了这一技术的发展,它使得车辆能够在特定的道路环境下实现自动驾驶,大大提高了交通的效率和安全性。这些技术的融合与应用,不仅为驾驶者带来了前所未有的驾驶体验,更为高速公路的安全管理提供了全新的解决方案。在未来的高速公路上,车与路将共同构建一个智能、安全、高效的交通生态系统。

第二节 智能化技术在建设中的应用策略

一、智能交通管理平台的建设

(一)数据采集

1. 构建全国智能交通管理平台,实现数据全面精准采集

在高速智慧化建设的浪潮中,构建一个覆盖全国的智能交通管理平台显得尤为重要。这一平台不仅是连接道路、车辆、设施与乘客的桥梁,更是实现交通管理现代化、智能化的关键所在。平台通过遍布全国的传感器网络,实时捕捉高速公路上的每一条车流动态、路面状况、天气变化以及乘客的出行需求。这些数据如同血液般流淌在平台的脉络中,为交通管理者提供了前所未有的信息量。为了确保数据的全面性和精准性,平台采用了先进的物联网技术和高精度传感器,确保每一笔数据都能准确无误地反映实际情况。无论是车辆的行驶速度、位置信息,还是路面的湿滑程度、破损情况,甚至是乘客的出行偏好和习惯,都逃不过平台的火眼金睛。这些数据不仅为交通管理提供了坚实的决策基础,更为后续的智能分析打下了牢固的基础。而数据的采集只是第一步,如何高效地处理和分析这些数据,才是平台真正的价值所在。借助大数据和云计算技术,平台能够迅速地对海量数据进行筛选、整合和分析,挖掘出隐藏在数据背后的交通规律和安全隐患。这种快速处理和智能分析的能力,使得交通管理者能够迅速响应交通状况的变化,及时做出调整和优化,从而确保交通的安全与顺畅。

2. 利用智能分析技术,为交通安全保驾护航

在智能交通管理平台的基础上,智能分析技术成为提升交通安全的重要手段。通过对采集到的数据进行深度挖掘和智能分析,平台能够预测交通流量的变化趋势,提前发现潜在的交通拥堵和事故风险。这种预测能力不仅为交通管理者提供了宝贵的决策依据,更为驾驶员提供了更加安全、可靠的出行环境。智能分析技术还能够对车辆的行驶轨迹进行实时监测和跟踪,及时发现异常行驶行为,如超速、违规变道等。这些行为往往是交通事故的诱因,通过智能分析技术的及时干预,可以有效降低事故的发生概率。同时,平台还能够对乘客的出行需求进行智能分析,为乘客提供更加个性化的出行建议和服务,进一步提升交通的便捷性和舒适度。除了对实时数据的智能分析外,平台还能够对历史数据进行深度挖掘,发现确保交通安全的潜在规律。这些规律对于制定长期的交通管理政策和规划具有重要的指导意义。通过不断的学习和优化,智能交通管理平台会逐渐形成一个自我完善、自我提升的良性循环,为交通安全提供持续、有力的保障。

(二)异常情况响应

1. 智能化异常预警技术应用

在高速智慧化建设中,智能化异常预警技术扮演着至关重要的角色。这项技术主要依赖先进的传感器网络、大数据分析以及人工智能算法,它们共同构成了一个高效、精准的异常预警系统。传感器网络遍布高速公路的各个关键节点,实时收集路况、车辆行驶状态以及环境因素等多维度数据。这些数据随后被传输至智能交通管理平台,通过大数据分析和人工智能算法进行深度挖掘和模式识别。当系统检测到潜在的交通拥堵、事故风险或其他异常情况时,会立即触发预警机制。预警信息以直观、易理解的方式呈现给交通管理者,包括异常发生的具体位置、预计影响范围、可能的原因分析以及建议的初步应对措施。这种即时、准确的预警能力,为交通管理者提供了宝贵的决策时间,使他们能够在问题发生之前或初期就采取有效行动,从而最大限度地减少异常事件对交通流的影响,保障高速公路的畅通无阻。此外,智能化异常预警技术还能够通过历史数据学习和自我优化,不断提升预警的准确性和即时性。随着系统的不断迭代升级,它将更加精准地识别各种异常情况,为高速公路的安全、高效运行提供强有力的技术支持。

2. 智能化应急响应策略应用

面对高速公路上可能发生的各种异常情况,智能化应急响应策略是确保交通快速恢复、减少损失的关键。这一策略的实施,同样离不开智能化技术的支撑。当智能交通管理平台接收到异常预警后,会立即启动应急响应程序,根据异常事件的性质和严重程度,自动或半自动地生成一系列疏导和处置方案。这些方案可能包括调整信号灯控制策略以优化交通流,启动应急广播系统向驾驶员发布即时路况信息和绕行建议,调动救援资源前往事故现场进行紧急处理,以及通过社交媒体、手机 App 等渠道向公众发布实时交通信息,引导他们合理规划出行路线。智能化应急响应策略的核心在于快速、准确地识别问题,并调动所有可用资源,以最高效的方式解决问题。为了实现这一目标,智能交通管理平台需要与多个部门、机构进行紧密协作,包括交通管理部门、应急管理机构、气象部门等。通过数据共享和协同工作,可以确保应急响应行动的及时性和有效性。同时,智能化技术还能够对应急响应过程进行实时监控和评估,为后续的改进和优化提供数据支持。随着技术的不断进步和应用场景的拓展,智能化应急响应策略将在高速智慧化建设中发挥越来越重要的作用,为公众提供更加安全、便捷的出行体验。

二、推进智能化系统在高速智慧化建设中的应用

(一) 智能化路况监测系统

1. 物联网技术赋能,实时监测高速路况信息

在高速智慧化建设中,物联网技术以其独特的优势,成为路况监测系统的核心支撑。通过物联网技术,高速公路上的各类传感器被紧密地连接在一起,形成了一个庞大的信息感知网络。这些传感器如同敏锐的触角,实时捕捉高速公路上的每一处细微变化,包括车流量的增减、车速的快慢、路面的干湿状况等。物联网技术的应用,使得路况信息的采集变得更加全面和精准。传感器能够实时监测车辆的数量和行驶速度,为交通管理提供准确的车流数据。这些数据对于分析交通拥堵状况、优化交通信号控制、提高道路通行能力具有重要意义。同时,传感器还能感知路面的温度、湿度以及破损情况,及时发现并报告潜在的安全隐患,为道路养护和维修提供有力的数据支持。更重要的是,物联网技术实现了路况信息的实时传输和共享。传感器采集到的数据通过无线网络迅速传输到智能交通管理平台,平台对这些数据进行整合和分析后,能够实时发布路况信息,为驾驶员提供准确的交通指引。这种信息的实时性和共享性,大大提高了交通管理的效率和响应速度,为驾驶员提供了更加安全、便捷的出行环境。

2. 传感器技术助力,精准掌握高速路况动态

在高速智慧化建设中,传感器技术作为路况监测系统的关键组成部分,发挥着举足轻重的作用。传感器如同高速公路上的眼睛,时刻注视着路况的每一个细节,将实时的路况信息转化为电信号,为交通管理提供精准的数据基础。传感器技术的应用,使得路况信息的监测变得更加精细和准确。通过安装在路面下的压力传感器,可以实时监测车辆的通过情况,包括车辆的类型、重量以及行驶速度等。这些数据对于分析交通流量、评估道路承载能力、制定交通管制措施具有重要意义。同时,传感器还能感知路面的平整度、摩擦系数等物理特性,及时发现路面的异常情况,如坑洼、裂缝等,为道路养护提供及时的反馈信息。此外,传感器技术还实现了路况信息的多维度监测。除了传统

的车辆和路面监测外,传感器还可以监测天气状况、环境噪声等外部因素,这些因素对于路况的影响不容忽视。通过综合考虑多种因素,传感器技术能够更全面地反映路况的实际情况,为交通管理提供更加精准的数据支持。这种多维度的监测方式,不仅提高了路况信息的准确性,也为交通管理的科学决策提供了有力保障。

(二)智能化收费系统

1. 智能化收费系统引入

在高速智慧化建设中,智能化收费系统的引入与推广成为提升高速公路通行效率、优化用户体验的关键一环。电子不停车收费系统(ETC)作为智能化收费技术的代表,凭借其高效、便捷的特性,正在逐步取代传统的人工收费方式,成为高速公路收费的主流模式。ETC系统通过车载设备与收费站点的射频识别(RFID)技术进行无线通信,实现了车辆在不减速、不停车的情况下自动完成缴费过程。这一技术的广泛应用,极大地缩短了车辆通过收费站的时间,有效缓解了收费站点的拥堵现象,提高了高速公路的整体通行效率。同时,ETC系统还具备高精度、低误差的计费能力,确保了收费的公正性和准确性,减少了因计费争议而引发的纠纷。为了推动ETC系统的普及,各级交通管理部门采取了多项措施。一方面,加大宣传力度,提高公众对ETC系统的认知度和接受度;另一方面,优化ETC设备的安装和服务流程,降低用户的安装成本和使用门槛。此外,还通过政策激励,如给予ETC用户通行费优惠、优先通行权等,进一步激发了车主安装ETC的积极性。随着ETC系统的广泛应用,其带来的社会效益和经济效益逐渐显现,不仅提高了高速公路的通行效率,还降低了管理成本,促进了交通运输行业的绿色发展。同时,ETC系统还为交通管理部门提供了丰富的交通数据,为交通规划、路况监测、应急响应等提供了有力支持。

2. 智能化收费系统对高速公路运营的优化

智能化收费系统的引入,显著提升了通行效率,减少了收费站点的拥堵现象,使得车辆能够更快速、更顺畅地通过高速公路。这一改变不仅节省了车主的时间成本,也降低了因拥堵而产生的额外油耗和排放,对环境保护具有积极意义。传统的人工收费方式易受人为因素影响,存在计费不准确、漏收逃费等问题。而 ETC 系统通过自动化、智能化的计费方式,有效避免了这些问题,确保了收费的公正性和准确性,维护了高速公路运营的经济利益。为了进一步优化智能化收费系统的运营效果,交通管理部门还需不断探索和创新。一方面,可以加强与其他部门的合作,实现数据共享和协同管理,提高交通管理的整体效能。另一方面,可以引入更先进的技术手段,如大数据分析、人工智能等,对 ETC 系统进行升级和改造,提升其智能化水平和服务能力。此外,还应关注用户体验的持续提升。通过优化 ETC 设备的安装流程、提高服务质量、加强用户反馈机制等方式,不断满足用户多样化的需求,提升用户对智能化收费系统的满意度和忠诚度。只有这样,才能确保智能化收费系统在高速公路运营中发挥更大的作用,为交通运输行业的可持续发展贡献力量。

(三) 智能导航系统

1. 智能导航系统是地球信息系统与全球定位系统技术融合下的实时路况指南

在高速公路智慧化建设中,智能导航系统作为关键技术之一,正深刻改变着驾驶员的出行方式。这一系统巧妙融合了地理信息系统(GIS)与全球定位系统(GPS)两大技术,为驾驶员提供了前所未有的实时路况导航服务。GIS 技术为智能导航系统提供了丰富的地理空间数据,包括道路网络、地形地貌、交通设施等关键信息。这些数据构成了导航系统的"知识库",使得系统能够准确识别驾驶员所在位置及周边环境,为后续的路线规划奠定坚实基础。而 GPS 技术则实现了对车辆位置的实时定位与追踪,无论车辆行驶至何方,都能精确掌握其坐标信息。在 GIS 与 GPS 技术的融合下,智能导航系统能够实时分析路况信息,包括交通流量、车速、拥堵状况等,为驾驶员提供最为精准的路线规划建议。系统会根据实时路况,自动调整行驶路线,避开拥堵路段,引导驾驶员选择最佳行驶路径。这一功能不仅大大节省了驾驶员的出行时间,还有效缓解了高速公路的交通压力,提升了整体通行效率。

2. 智能导航系统是驾驶员的贴心助手与高效出行保障

智能导航系统作为高速公路智慧化建设的重要成果,已逐渐成为驾驶员不可或缺的贴心助手。它不仅能够提供实时路况导航服务,还能根据驾驶员的出行需求和偏好,为其量身定制个性化的行驶方案。在出行前,驾驶员只需简单设置目的地,智能导航系统便能迅速规划出多条可选路线,并根据实时路况信息,推荐最优方案。在行驶过程中,系统还会根据路况变化,实时调整路线规划,确保驾驶员始终行驶在最为顺畅的道路上。此外,智能导航系统还具备丰富的语音提示功能,能够及时提醒驾驶员前方的路况变化、交通限制等信息,确保驾驶过程的安全与合规。智能导航系统的应用,不仅极大地提升了驾驶员的出行效率,还为其带来了更加便捷、舒适的驾驶体验。在高速公路智慧化建设的推动下,智能导航系统将持续升级与完善,为驾驶员提供更加精准、个性化的导航服务,成为高效出行的重要保障。

三、提供伴随式即时出行信息服务

(一)多渠道信息发布

1. 智能化技术助力交通信息普及

当今社会,随着科技的飞速发展,智能化技术正逐渐渗透到我们生活的方方面面,特别是在交通领域,其应用更是为公众带来了前所未有的便捷。多渠道信息发布作为智能化技术的一个重要环节,通过整合手机端、诱导屏等多种媒介,实现了交通信息的全面覆盖与即时传递。而手机端,作为现代人不可或缺的通信工具,已成为接收交通信息的首选渠道。通过智能手机的应用程序,用户可以随时随地获取到实时的路况信息,包括道路拥堵情况、施工信息、事故报警等,从而合理规划出行路线,避免延误。此外,结合GPS定位技术,手机端还能提供个性化的导航服务,引导用户以最优路径到达目的地。诱导屏作为另一重要信息发布渠道,广泛设置于城市的主要道路、交通枢纽及停车场等关键位置。这些屏幕能够实时显示周边道路的交通状况,如车流速度、车道占用情况等,为驾驶员提供直观的视觉引导。特别是在遇到突发情况时,如交通事故或临时管制,诱导屏能够迅速更新信息,引导车辆分流,有效缓解交通压力。多渠道信息发布不仅提高了交通信息的传播效率,还极大地增强了公众的出行体验。通过智能化技术的加持,交通信息得以更加精准、及时地传递给每一位出行者,帮助他们做出更加明智的决策,共同构建一个更加顺畅、高效的交通环境。

2. 智能化技术引领交通信息新篇章

在高速智慧化建设的浪潮中,位置基础服务成为智能化技术应用的一大亮点。依托先进的定位技术和大数据分析,交通信息系统能够实时捕捉并处理海量的交通数据,进而通过多渠道向公众发布基于位置的交通信息服务。实时路况是位置基础服务的核心内容之一,通过收集道路上的车辆行驶数据、监控摄像头图像等信息,系统能够实时分析出各条道路的通行状况,包括拥堵程度、平均车速等,并以图形化的方式展示在手机端或诱导屏上。这不仅为驾驶员提供了直观的路况参考,还为他们规划最佳行驶路线提供了有力支持。而可变速指示和道路分流指示则是位置基础服务的另两项重要功能。根据实时路况和交通流量,系统能够动态调整路口的信号灯配时,实现绿灯波的优化控制,减少车辆等待时间。同时,当某条道路出现严重拥堵时,系统还能及时发布道路分流指示,引导车辆绕开拥堵路段,选择其他畅通的道路行驶。这些智能化的指示方式不仅提高了道路的通行效率,还有效缓解了城市交通压力。

(二) 个性化服务定制

1. 智能化技术驱动个性化出行服务

随着大数据、云计算、人工智能等先进技术的不断融合与创新,个性化出行服务成为可能,极大地提升了人们的出行体验。智能化技术通过深度挖掘用户的出行数据,如历史行程、偏好设置、实时位置等,能够精准把握用户的出行需求与习惯。在此基础上,系统能够自动生成最佳线路建议,不仅考虑时间效率,还兼顾路况、天气等多种因素,确保用户能够以最优方案到达目的地。个性化出行服务并不局限于简单的路线规划。智能化平台还能根据用户的特定需求,如停车需求、餐饮偏好、加油习惯、购物兴趣乃至旅游计划,提供一站式增值服务。例如,当用户驱车前往一个陌生城市时,系统不仅能规划出最快路线,还能推荐沿途或目的地的特色餐厅、热门景点、优惠停车场以及最近的加油站,甚至根据用户的购物清单推荐沿途的购物中心及优惠活动。这种全方位、细致入微的服务模式,让出行不再是简单的位移过程,而是一次充满惊喜与便利的旅程体验。智能化技术通过深度学习与不断优化,使得个性化出行服务更加符合用户的实际需求,实现了从"被动服务"到"主动关怀"的转变,极大地提升了用户的满意度与忠诚度。

2. 智慧出行是定制化信息服务的发展方向

随着智能化技术的持续进步与迭代,个性化出行信息服务将呈现出更加多元化、智能化的特点。一方面,借助于物联网、5G通信等技术的普及,车辆与基础设施、其他车辆乃至整个城市生态系统的连接将更加紧密,为个性化出行服务提供了更为丰富的数据来源与交互可能。这意味着,未来的出行服务将不再局限于单一维度的信息提供,而是能够实现跨平台、跨场景的无缝衔接与协同,为用户打造更加流畅、高效的出行体验。另一方面,人工智能技术的深度应用将使个性化出行服务更加精准与贴心。通过深度学习算法的不断训练与优化,系统能够更好地理解用户的潜在需求与情感变化,从而提供更加人性化的服务。比如,根据用户的情绪状态推荐适合的音乐或播客内容,在长途驾驶时提供疲劳驾驶预警及休息建议,甚至结合用户的健康状况与运动目标,规划出既符合出行需求又有利于身心健康的出行方案。此外,随着隐私保护技术的不断完善,用户的个人信息安全将得到更加充分的保障,使得用户在享受个性化出行服务的同时,也能安心无忧。

第三节 建设过程的智慧化管理与监控

一、高速智慧化建设过程的智慧化管理

(一)多系统集成与数据共享

1. 高速智慧化建设中的多系统集成

在高速智慧化建设中,构建一个统一的智慧化管理系统,旨在打破传统子系统间的信息壁垒,实现数据的无缝流动与共享。这一系统不仅囊括了施工管理的方方面面,如进度控制、资源配置等,还深度融合了质量管理、安全管理等多个维度,形成了一个全方位、多层次的管理网络。通过高度集成的技术架

构,各子系统不再是孤立的存在,而是能够实时交换信息,协同作业。施工管理系统作为核心,负责监控工程进度,优化资源配置,确保施工活动按计划高效推进。它通过与质量管理系统的紧密集成,实现了对施工质量的全程追溯与监控,从原材料采购到施工工艺,每一个环节都纳入严格的质量控制体系。同时,安全管理系统作为重要支撑,实时监测施工现场的安全隐患,通过数据分析预测潜在风险,为管理者提供即时的安全预警与应对方案。这种多系统的深度融合,不仅提高了管理效率,更在源头上降低了事故发生的可能性,保障了施工人员的生命安全。

2. 数据共享是智慧化管理的高效引擎

在高速智慧化建设背景下,数据的价值得到了前所未有的凸显。通过统一的平台,各子系统产生的海量数据得以汇聚、清洗、分析,进而转化为有价值的信息,为管理决策提供了科学依据。数据共享不仅促进了信息的透明化,还极大提升了决策的效率与精准度。例如,施工管理系统中的进度数据与质量管理系统的质量数据相结合,可以帮助管理者准确评估施工效率与质量之间的关系,及时调整施工策略,确保工程既快又好。同时,安全管理系统的数据与其他系统融合,能够实现对施工现场安全的全面评估,及时发现并解决安全问题,有效预防事故的发生。此外,数据共享还促进了跨部门、跨层级的协作,使得不同层级的管理者能够基于同一套数据体系进行决策,确保了决策的一致性与连贯性。

(二)高速智慧化建设过程全生命周期管理

1. 规划与设计阶段

在高速智慧化建设的初始阶段,利用 GIS 技术,规划者能够全面、直观地掌握地理空间信息,包括地形地貌、土壤类型、水系分布等,为高速公路的选线、布局提供科学依据。GIS 的强大空间分析能力,还能帮助预测道路对环境的影响,确保路线规划既高效又环保。与此同时,建筑信息模型(BIM)技术的应用,则为高速公路的设计带来了革命性的变革。BIM 不仅是一个三维可视化模型,更是一个集成了项目所有信息的数据库。设计师可以在 BIM 平台上进行多专业协同设计,实现道路、桥梁、隧道等构造物的精准建模。通过 BIM

的碰撞检测功能,可以在设计阶段就发现并解决潜在的冲突,如管线交叉、结构干涉等,大大减少了施工过程中的变更和返工。此外,BIM 还能进行模拟施工,通过虚拟建造过程,提前预测施工难点和风险,为后续的施工管理打下坚实基础。

2. 施工阶段是高速智慧化建设的精准执行

进入施工阶段,智慧化管理成为确保工程进度、质量和安全的重要保障。通过智能化系统,施工现场的每一个环节都被纳入了实时监控之下。工程进度管理系统能够实时追踪施工进度,与计划进行对比,及时发现偏差并采取措施调整。质量监控系统则利用传感器、摄像头等设备,对施工材料、工艺进行实时监测,确保施工质量符合标准。BIM 技术在施工阶段的运用更加深入。通过 BIM 模型与施工现场的实时数据对接,可以实现施工过程的动态模拟和预测。碰撞检测功能在施工阶段同样重要,它能帮助施工人员提前发现施工中的潜在冲突,如机械碰撞、施工顺序冲突等,从而避免事故和质量问题。此外,BIM 还能进行施工资源的优化配置,如人员、材料、设备的调度,提高施工效率,降低施工成本。

3. 运营阶段是高速智慧化建设的持续优化

高速公路建成并投入运营后,智能化系统对高速公路的运营状况进行 24 小时不间断的监测和分析。交通流量监测系统能够实时统计车辆数量、车速等信息,为交通管理提供数据支持。路况监测系统通过摄像头、传感器等设备,实时监测路面状况、气象条件等,及时发现并处理道路病害、交通事故等突发情况。根据监测结果,管理系统能够自动调整交通信号,优化交通流,提高道路通行效率。同时,通过手机端、诱导屏等多种渠道,及时向公众发布路况信息、交通管制通知等,引导驾驶员合理规划出行路线,避免拥堵和延误。在紧急情况下,智能化系统还能迅速启动应急响应机制,调动救援力量,确保高速公路的安全畅通。

(三)高速智慧化建设过程协同化管理

1. 部门间协同

以前,高速公路的建设与运营往往涉及交通、建设、环保等多个部门,这些部门各自为政,信息闭塞,导致决策效率低下,资源浪费严重。而智慧化管理方式的引入,犹如一股清风,吹散了部门间的壁垒,实现了信息的自由流通与共享。通过构建统一的智慧化管理平台,各部门得以在同一框架下开展工作,数据互通有无,信息实时更新。交通部门负责规划路线、监控交通流量;建设部门关注施工进度、质量控制;环保部门则确保施工过程中的环境保护措施得到落实。这些看似独立的工作,在智慧化管理平台的助力下,变得紧密相连,相互支撑。部门间的协同不再是一句口号,而是转化为实实在在的行动,工作效率因此得到了显著提升。更为重要的是,智慧化管理还促进了部门间知识的共享与经验的交流。在面对复杂问题时,各部门能够集思广益,共同寻找最佳解决方案。这种跨部门的合作与交流,不仅提升了高速公路建设与运营的整体水平,还为未来更多领域的协同管理提供了宝贵经验。

2. 公众参与是高速智慧化管理的新动力

随着智能手机的普及与移动互联网的发展,公众通过手机端应用程序等方式,被赋予了前所未有的参与机会与监督权力。他们不再只是高速公路的使用者,更是管理与监督的积极参与者。公众参与的方式多种多样,既可以通过应用程序提交对高速公路建设与运营的意见与建议,也可以对路况、服务质量等进行实时评价。这些反馈意见如同一条条宝贵的线索,为管理者提供了决策的重要依据。通过数据分析与挖掘,管理者能够准确把握公众的需求与期望,及时调整管理策略,提升服务质量。同时,公众参与还增强了高速公路管理的透明度与公信力。公众的监督使得管理者在决策过程中更加谨慎与负责,有效防止了权力滥用与腐败现象的发生。这种基于公众参与的智慧化管理方式,不仅提升了高速公路的管理水平,还增强了公众对政府的信任与支持,为高速公路的可持续发展奠定了坚实的群众基础。

二、高速智慧化建设中的智慧化监控

(一) 实时视频监控

1. 高清摄像头是高速公路建设现场的"千里眼"

在高速智慧化建设的浪潮中,高清摄像头作为实时监控的核心设备,发挥着至关重要的作用,如同建设现场的千里眼,让管理者能够跨越物理距离的限制,对施工现场进行全天候、全方位的监控。这些摄像头不仅具备高分辨率的成像能力,能够清晰捕捉每一个细节,还配备了先进的夜视、防抖、自动追踪等功能,确保在各种光照条件和复杂环境下都能提供稳定、清晰的视频画面。高清摄像头的应用,极大地提升了高速公路建设现场的安全管理水平。通过实时监控,管理者可以迅速发现施工现场的潜在安全隐患,如工人未佩戴安全帽、设备操作不当、现场秩序混乱等,并及时发出预警,督促相关人员立即整改。这种即时反馈机制,有效预防了安全事故的发生,保障了施工人员的生命安全。同时,高清摄像头还是施工进度和质量监督的重要工具。通过远程监控,管理者可以实时了解施工进度,对比计划与实际进度,及时发现并纠正施工中的偏差。此外,摄像头还能记录施工过程中的关键节点和细节,为后续的质量验收和评估提供有力的证据支持。这种透明化的管理方式,不仅提高了施工效率,还确保了工程质量,为高速公路的顺利建成奠定了坚实基础。

2. 智能视频分析系统是高速公路建设监控的"智慧大脑"

如果说高清摄像头是高速公路建设现场的"眼睛",那么智能视频分析系统就是其"智慧大脑"。这一系统通过集成先进的人工智能算法和大数据分析技术,对摄像头捕捉到的视频画面进行深度解析和智能处理,从而提取出有价值的信息,为管理者提供决策支持。智能视频分析系统能够自动识别施工现场的异常行为和事件,如人员闯入禁区、设备故障、火灾烟雾等,并立即触发报警机制,通知相关人员进行处理。这种智能化的监控方式,大大提高了安全响应速度,减少了安全事故的发生概率。除了安全管理外,智能视频分析系统还在施工进度和质量监督方面发挥着重要作用。通过对视频画面的实时分析,系统可以自动统计施工人员的数量、工作效率以及设备的运行状态等信息,为管理者提供准确的施工进度报告。同时,系统还能检测施工过程中的质量问题,如混凝土浇筑不均匀、钢筋绑扎不规范等,并及时反馈给施工人员进行整改。这种精细化的管理方式,不仅提高了施工质量,还降低了施工成本,为高速公路建设的智慧化转型注入了新的活力。

（二）智能巡检监控

1. 无人机智能巡检是高速公路的空中守护者

在高速智慧化建设的浪潮中，无人机以其独特的空中视角和灵活的飞行能力，成为高速公路智能巡检的重要力量。这些无人机搭载了高精度的传感器和检测设备，如同空中的侦察兵，定期对高速公路进行细致入微的巡查。它们不仅能够快速覆盖广阔的道路网络，还能深入到人工难以触及的区域，如高架桥下、隧道内部等，实现无死角监控。无人机智能巡检的优势在于其高效性和准确性。通过高清摄像头和红外热像仪，无人机能够实时捕捉道路表面的细微变化，如裂缝、坑洼、剥落等病害，并及时将这些信息传输至数据分析中心。结合先进的图像处理技术，系统能够自动识别并分类这些病害，为后续的维护修复提供精准的数据支持。同时，无人机还能监测交通流量、车辆行驶速度等动态信息，为交通管理提供科学依据。更为关键的是，无人机智能巡检能够及时发现潜在的安全隐患。例如，在恶劣天气或地质条件下，高速公路易发生滑坡、塌方等灾害。无人机通过定期巡检，能够提前发现这些灾害的征兆，如地表变形、裂缝扩大等，并立即发出预警信号，为管理部门争取宝贵的应急响应时间，有效保障道路安全和通行效率。

2. 智能巡检车是高速公路的地面侦察兵

与无人机相呼应，智能巡检车则成为高速公路地面巡检的主力军。这些车辆搭载了先进的检测设备和传感器，能够沿高速公路进行定期或不定期的巡逻检查。它们不仅能够记录道路表面的状况，还能深入检测路基、桥梁、隧道等结构的健康状况，实现全方位、多层次的监控。智能巡检车的优势在于其精细化和持续性的监测能力。通过激光扫描、声波检测等技术，车辆能够精确测量道路表面的平整度、粗糙度等参数，并实时监测桥梁、隧道的结构应力、变形等情况。这些数据对于评估道路结构的稳定性和安全性至关重要，能够为管理部门提供及时的维护建议。此外，智能巡检车还能与无人机、固定监控设备等形成联动，构建多层次、立体化的监控网络。当无人机发现空中异常或潜在风险时，智能巡检车可以迅速响应，前往现场进行进一步核查和处理。这种协同作战的方式不仅提高了巡检效率，还增强了应对突发事件的能力，为高速公路的安全运营提供了有力保障。

(三)交通流量监控

1. 物联网技术赋能高速交通流量监控的实时性与准确性

在高速智慧化建设中,物联网技术以其独特的优势,成为实时监测高速公路交通流量和路况信息的得力助手。通过遍布高速公路的各类传感器与智能设备,物联网技术能够全天候、无死角地捕捉道路上的每一条动态,为交通管理和调度提供前所未有的数据支持。这些传感器如同高速公路的神经末梢,它们精准地记录着每一辆车的行驶速度、车道占用情况,甚至能够迅速识别出交通事故等突发状况。这些数据被实时传输至数据中心,经过高效的处理与分析,转化为交通管理者可以直观了解的交通流量报告和路况信息。这样的实时监控,不仅确保了数据的准确性,更极大地提升了交通管理的时效性。而物联网技术的应用,使得交通管理者能够迅速掌控高速公路的运行状态,及时发现并解决潜在的交通问题。无论是交通拥堵的疏导,还是交通事故的紧急处理,都离不开物联网技术提供的实时、准确的数据支持。可以说,物联网技术已经成为高速公路交通流量监控不可或缺的重要力量,为构建更加安全、高效的高速公路网络奠定了坚实基础。

2. 交通流量监控是高速智慧化建设的核心环节

在高速公路智慧化建设中,交通流量监控无疑占据着核心地位,不仅是交通管理者了解道路运行状况的重要途径,更是实现高效调度和科学管理的基础。通过实时监测交通流量和路况信息,交通管理者能够精准把握高速公路的交通需求,为制定合理的交通管理策略提供科学依据。交通流量监控所收集的数据,涵盖了车辆行驶速度、车道占用情况、交通事故等多个方面,这些数据共同构成了一幅高速公路运行的"全息图"。通过对这些数据的深度挖掘和分析,交通管理者能够揭示出交通流量的变化规律,预测未来的交通趋势,从而提前制定应对措施,有效缓解交通拥堵,提高通行效率。此外,交通流量监控还为高速公路的应急响应提供了有力支持。在发生交通事故或突发事件时,监控系统能够迅速识别并定位事故地点,为救援力量的快速到达和有效处置赢得宝贵时间。这种实时、高效的应急响应机制,不仅保障了道路的安全畅通,更彰显了高速智慧化管理的优越性和必要性。

第三章　高速公路智慧化建设实施与应用

第一节　智能化技术的选型、集成与创新

一、高速公路智慧化建设中智能化技术的选型

(一)物联网技术

1. 物联网技术构建全面感知网络

在高速公路智慧化建设中,物联网技术如同一股强大的驱动力,以其独特的互联互通能力,将高速公路上的各类设施紧密地编织在一起,形成了一个庞大而高效的信息感知网络。这项技术不仅实现了车辆、交通信号、监控摄像头等关键要素的智能化连接,还通过无线通信技术,将这些设施所采集的数据实时传输至数据中心,为后续的数据处理与分析奠定了坚实的基础。物联网技术的应用,使得人们能够实时、准确地掌握路况信息,包括车流量、车速、车辆类型以及交通信号状态等。这些信息对于交通管理部门来说,是制定有效交通管理策略、优化路网布局、提升道路通行能力的重要依据。同时,物联网技术还赋予了高速公路对环境因素的感知能力,如温湿度、能见度、路面状况等,为应对恶劣天气、保障行车安全提供了有力支持。

2. 物联网技术促进高效协同管理

在高速公路的日常运营中,物联网技术发挥着不可或缺的协同管理作用。通过构建统一的物联网平台,管理部门能够实现对各类设施的远程监控与控制,及时发现并处理异常情况。例如,当某一路段出现交通拥堵时,物联网平台能够迅速识别并发出预警,同时调整相邻路段的交通信号,引导车辆分流,有效缓解拥堵状况。此外,物联网技术还促进了高速公路维护管理的智能化。

通过在关键设施上安装传感器,管理部门可以实时监测设施的运行状态,预测维护需求,实现预防性维护。这不仅提高了维护效率,还降低了维护成本,为高速公路的长期稳定运行提供了有力保障。

(二)大数据技术

1. 大数据技术助力精准决策制定

在高速公路智慧化建设中,大数据技术如同一把钥匙,解锁了隐藏在海量数据背后的宝贵信息。通过对从物联网设备中收集到的数据进行深度挖掘与分析,大数据技术能够揭示出交通流量的变化规律、事故发生的潜在风险、用户出行的偏好等关键信息。这些信息对于管理部门来说,是制定精准交通管理政策、优化服务体验、提升整体运营效率的重要依据。大数据技术的应用,使得管理部门能够基于数据进行决策,而非仅凭经验或直觉。例如,通过对历史交通数据的分析,管理部门可以预测未来一段时间内的交通流量变化,提前制定应对措施,避免交通拥堵的发生。同时,大数据技术还能帮助管理部门识别出事故频发的路段和时段,为加强安全管理、降低事故发生率提供有力支持。

2. 大数据技术推动服务创新升级

除了助力决策制定外,大数据技术在推动高速公路服务创新升级方面发挥着重要作用。通过对用户出行数据的分析,管理部门可以深入了解用户的出行需求、偏好以及痛点,从而为用户提供更加个性化、便捷的服务。例如,基于用户的出行习惯和偏好,大数据技术可以为用户推荐最优的出行路线,提供实时的路况信息以及周边的服务设施信息等。此外,大数据技术还为高速公路的智能化服务提供了无限可能。通过整合各类数据资源,管理部门可以构建智能化的服务平台,为用户提供一站式、全方位的服务体验。这包括在线缴费、路况查询、故障救援、停车导航等功能,极大地提升了用户的出行便捷性和满意度。

(三)云计算技术

1. 云计算技术的核心优势

云计算技术通过虚拟化手段,将计算资源和存储资源集中管理,形成了庞大的资源池。这些资源可以根据实际需求进行动态分配,满足高速公路智慧化系统在不同时间段、不同业务场景下的计算需求。同时,云计算的分布式架构和容错机制,大大提高了系统的稳定性和可靠性,确保了数据的完整性和安全性。

2. 云计算在智慧交通中的关键作用

高速公路上遍布的传感器和监控设备每时每刻都在产生海量的数据,这些数据需要经过快速处理和分析,才能为交通管理提供有价值的决策支持。云计算技术凭借其强大的计算能力,能够迅速处理这些数据,提取出有用的信息,为交通管理部门提供及时的路况信息、车辆流量统计等关键数据。而且,高速公路智慧化系统涉及多个子系统和应用,如交通监控系统、收费系统、应急管理系统等。这些系统和应用需要实现数据的共享和协同工作,才能形成完整的智慧交通体系。云计算技术通过提供统一的平台和服务,将这些系统和应用整合在一起,实现了数据的无缝对接和协同工作,提高了系统的整体效率。并且,随着交通流量的增长和智慧化应用的不断增多,高速公路智慧化系统对计算资源的需求也在不断增加。云计算技术能够轻松应对这种需求变化,通过弹性扩展和升级,确保系统始终保持在最佳状态。这不仅降低了系统的建设和运营成本,还为系统的长期发展提供了有力保障。

3. 云计算技术的选型要点

在选择云计算技术时,应重点关注性能,包括计算速度、存储能力等,确保能够满足高速公路智慧化系统的计算需求,并且要求云计算平台具备高可用性、高容错性,确保系统的稳定运行。同时,需要关注数据的安全性和隐私保护能力,确保数据在传输和存储过程中不被泄露或篡改。此外,要考虑云计算技术的成本效益,选择性价比高的解决方案。

（四）人工智能技术

1. 人工智能技术的核心价值

人工智能技术作为高速公路智慧化建设的一大核心驱动力，正在以其独特的智能性和创新性，引领着交通行业的深刻变革。从智能交通管理到自动驾驶，从路况预测到事故预防，人工智能技术正在逐步渗透到高速公路的每一个角落，为提升道路管理效能和行车安全贡献着智慧力量。人工智能技术通过模拟人类的智能行为，实现了对复杂交通环境的感知、理解和决策。它能够自动识别和分析交通数据，发现潜在的交通问题，并提出优化建议。同时，人工智能技术还能够学习交通规律，预测未来路况，为交通管理部门提供前瞻性的决策支持。这种智能性和自适应性使得人工智能技术成为高速公路智慧化建设中不可或缺的重要组成部分。

2. 人工智能在智慧交通中的创新应用

人工智能技术在高速公路智慧化建设中的应用场景丰富多样。一方面，在智能交通管理方面，人工智能技术能够实现对交通信号的智能控制。通过实时监测和分析路况数据，人工智能技术可以自动调整信号灯的配时，优化交通流，提高道路通行效率。同时，它还能够辅助交通警察进行交通执法和事故处理，提高执法效率和准确性，降低交通事故的发生率。另一方面，在自动驾驶技术方面，人工智能技术发挥着至关重要的作用。自动驾驶汽车通过搭载先进的传感器、摄像头和人工智能算法，能够实现对周围环境的感知和决策。它们可以自动识别道路标志、行人、车辆等障碍物，并根据实时路况进行自主导航和避障。这种高度智能化的驾驶方式不仅提高了道路安全性和通行效率，还为人们带来了更加便捷、舒适的出行体验。此外，在路况预测与事故预防方面，人工智能技术也展现出了巨大的潜力。通过对历史交通数据的深度学习和分析，人工智能技术能够预测未来的路况和交通事故风险。这可以帮助交通管理部门提前采取措施，预防交通事故的发生。同时，通过实时监测和分析交通数据，人工智能技术还能够及时发现交通异常情况，如车辆故障、道路施工等，为交通管理部门提供及时的应急响应支持，确保道路的安全畅通。

3. 人工智能技术的选型考量

在选择人工智能技术时,算法精度和处理速度应确保人工智能技术能够准确、快速地识别和分析交通数据。而且要求人工智能技术具备高度的稳定性和可靠性,能够在各种复杂场景下保持正常运行。人们需要关注人工智能技术的易用性和可扩展性,以便在未来的发展中能够轻松地进行升级和扩展。此外,要确保人工智能技术在应用过程中不会泄露用户隐私或造成安全隐患。

(五)5G 通信技术

1. 5G 通信技术是高速公路智慧化建设的通信基石

在高速公路智慧化建设的浪潮中,5G 通信技术以其卓越的性能和无限潜力,成为不可或缺的通信基石。作为新一代移动通信技术,5G 不仅提供了超高速的数据传输能力,更实现了极低的时延,为车辆与道路设施之间的实时数据传输和交互提供了强有力的保障。在高速公路这一复杂多变的交通环境中,车辆与道路设施之间的信息交互至关重要。无论是车辆导航、路况监测,还是紧急救援、交通管控,都离不开高效、稳定的通信支持。而 5G 通信技术,正是满足这一需求的最佳选择。其超高速的数据传输速度,使得海量数据能够瞬间完成传输,确保了信息的实时性和完整性。同时,极低的时延特性,则让车辆与道路设施之间的交互变得更为敏捷和准确,为高速公路的安全、高效运行提供了有力支撑。5G 通信技术的应用,不仅提升了高速公路的智慧化水平,更为道路使用者带来了前所未有的出行体验。在 5G 的加持下,车辆能够实时接收路况信息,智能规划行驶路线,避开拥堵路段;道路设施能够实时监测车辆状态,及时发现并处理潜在的安全隐患。这种车辆与道路设施之间的紧密联动,不仅提高了交通效率,更显著提升了道路的安全性。

2. 5G 赋能高速公路开启智慧交通的新篇章

5G 通信技术的引入,为高速公路智慧化建设注入了新的活力,开启了智慧交通的新篇章。在 5G 的助力下,高速公路不再仅仅是车辆行驶的通道,更成为一个充满智慧、高效运行的交通生态系统。而且,5G 的高速数据传输能力使得高速公路上的各类传感器、摄像头等设备能够实时采集并传输海量数据。这些数据经过云计算、大数据分析等技术的处理,能够转化为有价值的信息,为交通管理和决策提供依据。同时,5G的低时延特性,确保了这些信息能够迅速、准确地传递给道路使用者和交通管理者,实现了信息的实时共享和交互。在5G的赋能下,高速公路的智慧化应用变得更加丰富多样。从智能导航、路况监测,到自动驾驶、车路协同,再到紧急救援、交通管控,5G技术贯穿了高速公路智慧化建设的每一个环节。这些应用的实现,不仅提升了高速公路的通行效率和安全性,更为道路使用者带来了更加便捷、舒适的出行体验。可以说,5G通信技术已经成为高速公路智慧化建设不可或缺的重要力量,正引领着智慧交通的未来发展方向。

二、高速公路智慧化建设中智能化技术的集成

(一)硬件设备集成

1. 物联网设备的广泛应用

物联网设备作为高速公路智慧化的"神经末梢",承担着数据采集、传输和初步处理的重任。这些设备包括但不限于车辆检测器、气象传感器、路面状况监测仪等,它们能够实时感知车辆流量、速度、天气状况、路面湿滑程度等多种信息。通过将这些设备集成到高速公路上,我们可以实现对道路环境的全面监控,为后续的交通管理和决策提供精准的数据支持。

2. 摄像头的引入

摄像头是高速公路智慧化建设中不可或缺的一部分。它们不仅具备传统的视频监控功能,还能够通过图像识别技术,实现对车辆类型、行驶轨迹等的自动识别和分析。这些智能摄像头如同眼睛一般,时刻注视着高速公路上的每一个细节,为交通管理部门提供了强有力的监管手段。同时,它们也为驾驶员提供了更加安全、便捷的行车环境。

3. 传感器的精准感知

传感器在高速公路智慧化建设中同样发挥着举足轻重的作用,它能够精准地感知车辆与道路之间的相互作用,如车辆重量、行驶速度、刹车距离等,为

道路维护、交通规划等提供了宝贵的数据。此外,传感器还能够实时监测道路状况,如裂缝、坑洼等,及时发出预警,保障道路的安全畅通。

4. 硬件设备集成的关键

在硬件设备集成的过程中,需要重点关注设备的兼容性,确保不同厂商、不同型号的设备能够无缝对接。而且关注设备的稳定性,要求设备在恶劣环境下仍能保持稳定运行。关注数据的准确性和实时性,确保采集到的数据能够真实反映道路状况,并被及时传输到处理中心。

(二)软件系统集成

1. 大数据处理平台的构建

在高速公路智慧化建设中,大数据处理平台是不可或缺的一部分。它能够对海量的交通数据进行存储、清洗、分析和挖掘,提取出有价值的信息,为交通管理部门提供决策依据。大数据处理平台需要具备高性能的计算能力、大容量的存储空间和高效的数据处理能力,以确保数据的及时性和准确性。

2. 云计算平台的支撑

云计算平台为高速公路智慧化建设提供了强大的计算资源和存储资源。它能够将分散在各个节点的计算任务集中起来,进行统一调度和管理,提高计算效率。同时,云计算平台还支持弹性扩展,能够根据实际需求动态调整资源分配,满足高速公路智慧化系统在不同场景下的计算需求。

3. AI 算法平台的引入

AI 算法平台是高速公路智慧化建设的"智慧大脑"。它集成了各种先进的算法模型,如深度学习、机器学习、图像识别等,能够对交通数据进行深度分析和挖掘,发现潜在的规律和趋势。通过 AI 算法平台,我们可以实现对交通流量的精准预测、对交通事故的快速响应、对交通信号的智能控制等,提高道路管理效能和行车安全。

4. 软件系统集成的核心

在软件系统集成的过程中,需要遵循数据的统一性和标准性原则,确保不同系统之间的数据能够相互识别和共享。同时注重系统的开放性和可扩展性,要求系统能够轻松接入新的功能模块或子系统。关注系统的稳定性和安全性,还要保障系统在各种复杂场景下的稳定运行和数据安全。此外,用户友好性要求系统界面简洁明了,操作便捷易懂,方便用户快速上手使用。

(三)数据接口标准化

1. 数据接口标准化是高速公路智慧化建设的基石

在高速公路智慧化建设中,数据接口标准化,意味着为高速公路上的各类软件系统设定一套统一、规范的数据交流规则。这套规则定义了数据的格式、编码方式、传输协议等关键要素,使得不同系统之间能够无障碍地沟通。在这样的标准下,无论是交通监控系统、收费系统,还是应急管理系统、路况信息发布系统,都能够轻松实现数据的共享与交互,从而形成一个高效协同的智慧交通生态。其中数据接口标准化的重要性不言而喻,它不仅提高了数据传输的效率,降低了系统间的沟通成本,更为高速公路的智慧化管理提供了坚实的数据支撑。在标准化的数据接口下,各个系统能够更准确地理解彼此的数据,更快速地响应交通状况的变化,为道路使用者提供更加精准、及时的服务。

2. 软件系统集成与数据接口标准化共筑高速公路智慧未来

在高速公路智慧化建设的宏伟蓝图中,软件系统集成与数据接口标准化如同两块重要的基石,共同支撑着整个智慧交通体系的稳固与高效。软件系统集成,旨在将高速公路上的各个软件系统有机整合,形成一个统一、协同的管理平台;数据接口标准化,则是实现这一目标的关键手段,通过数据接口标准化,不同软件系统之间的语言障碍被消除,它们能够基于统一的标准进行数据的传输与交换。这种顺畅的数据流动,不仅提升了整个智慧交通系统的响应速度和处理能力,更为交通管理者提供了更加全面、准确的数据支持。在这样的系统下,交通拥堵、事故处理、路况预测等交通管理难题都能够得到更加有效的解决。同时,数据接口标准化也为高速公路的智慧化升级提供了无限可能。随着新技术的不断涌现和旧系统的逐步升级,标准化的数据接口能够确保新旧系统之间的平滑过渡和兼容,为高速公路的智慧化建设提供持续的动力和支持。可以说,软件系统集成与数据接口标准化共同构筑了高速公路智慧未来的坚实基石,正引领着我们迈向更加安全、高效、便捷的智慧交通新时代。

三、高速公路智慧化建设中智能化技术的创新

(一)新技术研发

积极探索和研发适用于高速公路智慧化建设的新技术,如自动驾驶技术、车联网技术、智能交通管理系统等,以不断提升高速公路智慧化建设的管理水平和运营效率。

(二)现有技术优化升级

1. AI算法改进开启精准路况预测新篇章

在智能交通系统的广阔领域中,AI算法作为路况预测的核心驱动力,其性能的优化与升级直接关系到整个交通网络的运行效率与安全性。随着大数据技术的飞速发展,海量的交通数据为AI算法提供了丰富的素材,同时也对算法的精准度与实时性提出了更高要求。为了应对这一挑战,技术团队不断探索AI算法的新边界,致力于通过技术创新实现路况预测的精准跃升。一方面,引入深度学习模型,如卷积神经网络(CNN)和循环神经网络(RNN),能够更有效地捕捉交通流的时间序列特性与空间关联性,从而实现对未来路况的精细预测。这些模型能够自动学习交通数据的复杂模式,包括车辆速度变化、交通拥堵的形成与消散过程等,进而提供更为准确的预测结果。另一方面,算法优化还体现在对多源数据的融合利用上。通过整合GPS轨迹数据、道路传感器数据、社交媒体数据等多种数据源,构建多维度、多层次的交通信息体系,为AI算法提供更为全面、丰富的输入信息。这不仅提升了预测的准确性,还增强了算法对不同交通场景的适应性,使得路况预测更加贴近实际,为交通管理与出行服务提供了有力支持。此外,算法的可解释性也是优化升级的重要方向之一。提升算法透明度让决策者能够了解预测背后的逻辑与依据,从而更加信任并有效利用预测结果,进一步推动智能交通系统的智能化与人性化发展。

2. 云计算平台优化开启数据处理效率新革命

在数字化转型中,云计算平台作为数据处理与存储的核心基础设施,其性能与稳定性直接关系到企业业务的响应速度与竞争力。面对日益增长的数据量与复杂多变的应用场景,优化升级云计算平台,提升数据处理效率,已成为技术发展的必然趋势。一方面,通过采用分布式计算架构,如云原生技术栈,能够实现计算资源的弹性扩展与高效利用。这意味着在处理大规模数据时,系统能够自动分配资源,确保任务的高效执行,同时降低运维成本。云原生技术栈还强调服务的微服务化与容器的轻量化,使得应用部署更加灵活,能够快速响应市场变化。另一方面,数据存储与访问的优化也是提升处理效率的关键。采用分布式文件系统与高性能数据库,如 Hadoop、Spark 等,能够实现对海量数据的高效存储与快速检索。同时,通过数据缓存机制与智能索引技术,进一步减少数据访问延迟,提升数据查询速度,为实时数据分析提供有力支撑。此外,在提升处理效率的同时,必须确保数据的安全传输、存储与处理,满足行业规范与法律法规要求。通过加强数据加密、访问控制、审计日志等安全措施,构建可信的云计算环境,为企业数字化转型保驾护航。

第二节 建设项目施工管理的智慧化实践

一、进度监控与优化

(一)实时监测是掌握施工进展的"千里眼"

1. 物联网技术的实时监测功能

物联网技术通过布设各类传感器和 RFID 标签,实现了施工现场环境、设备、人员等多维度数据的实时采集。这些传感器如同神经末梢,将施工现场的每一个细微变化都捕捉下来,并通过无线网络传输至数据中心。例如,通过在关键施工区域安装摄像头,管理者可以远程监控施工进度,随时了解现场情况。同时,传感器还能监测设备的工作状态,如挖掘机、压路机等重型机械的运行时间、工作效率等,为设备调度和维护提供数据支持。

2. 大数据施工进度数据呈现

采集到的海量数据需要经过处理和分析才能转化为有价值的信息。大数据处理平台通过算法模型,对原始数据进行清洗、整合、分析,提取出关键指标和异常点。这些指标能够直观反映施工进度,如完成工程量、剩余工作量、工期延误情况等。通过对比计划进度和实际进度,管理者可以迅速发现进度偏差,为后续的调整和优化提供依据。

3. 实时进度展示

为了更直观地展示施工进度,智慧工地管理系统通常配有实时进度展示功能。通过可视化界面,管理者可以清晰地看到项目的整体进度、各分项工程的完成情况以及关键节点的进度状态。这种直观的展示方式有助于管理者快速把握施工全局,及时发现潜在问题,并做出相应决策。

(二) 智能分析与优化

1. 延误原因智能分析

导致施工延误的原因多种多样,如天气变化、设备故障、材料供应不足等。智慧工地管理系统通过算法模型,对历史数据和实时数据进行综合分析,能够准确识别出导致延误的主要因素。例如,通过对比历史天气数据和施工进度数据,系统可以发现雨天对施工进度的具体影响;通过分析设备故障率和维修时间,可以评估设备维护对工期的影响程度。这些分析结果有助于管理者采取针对性措施,减少延误风险。

2. 资源配置智能优化

资源配置的优化是确保施工进度的关键,智慧工地管理系统根据实时进度数据和延误原因分析结果,能够自动调整资源配置方案。例如,当发现某个分项工程进度滞后时,系统可以自动调配其他区域的资源,如增加人力、设备或材料供应,以加快施工进度。同时,系统还能根据设备的工作状态和效率,智能安排设备的使用和维护计划,提高设备利用率,减少闲置和浪费。

3. 施工方案智能调整

在施工过程中,难免会遇到各种突发情况和变化。智慧工地管理系统通过实时监测和智能分析,能够及时发现这些变化,并协助管理者调整施工方案。例如,当发现地质条件与预期不符时,系统可以迅速反馈相关信息,帮助管理者调整施工方法或重新规划施工路线。这种灵活性和应变能力有助于减少因变化而导致的工期延误。

4. 自动生成施工进度报告

为了方便管理者查阅和汇报施工进度,智慧工地管理系统通常具备自动生成施工进度报告的功能。这些报告通常包括项目概况、进度完成情况、延误原因分析、资源配置情况、下一步工作计划等内容。通过定期生成和更新这些报告,管理者可以全面了解项目进展情况,为决策提供依据。同时,这些报告也是与业主、监理等外部单位沟通的重要文件,有助于增强项目透明度和信任度。

二、安全管理

(一)智慧化安全管理的目的

传统的安全管理方式往往依赖于人工巡检和经验的判断,难以全面、及时地发现和处理安全隐患。随着科技的进步和智能化技术的发展,智慧化安全管理逐渐成为高速公路建设项目施工管理的新趋势。通过利用视频监控、行为识别等先进技术手段,智慧化安全管理能够实现对施工现场的全面监控和实时分析,及时发现并预警安全隐患,有效预防事故的发生,提升施工现场的安全管理水平。

(二)智慧化安全管理的具体实践

1. 充分发挥视频监控系统作用

视频监控系统是智慧化安全管理的重要组成部分。通过在施工现场的关键区域和危险区域安装高清摄像头,视频监控系统能够实现对施工现场的全方位、全天候监控。监控画面可以实时传输到管理中心,管理人员可以通过监控屏幕随时查看施工现场的情况,及时发现异常行为或安全隐患。同时,视频监控系统还具备录像功能,可以记录施工过程中的关键节点和事件,为后续的安全分析和事故调查提供重要依据。在视频监控系统的基础上,结合智能分析技术,可以实现对监控画面的自动识别和报警。例如,当系统检测到施工现场有人员未佩戴安全帽、安全带等防护用品时,会自动抓拍并发出报警信号,提醒管理人员及时采取措施进行纠正。此外,系统还可以对施工现场的物体堆放、设备摆放等进行智能分析,判断是否存在安全隐患,及时预警并通知相关人员进行处理。

2. 行为识别技术的运用

行为识别技术是智慧化安全管理的一种重要手段。该技术通过对人体动作、姿态等信息的识别和分析,可以判断施工现场人员的行为是否符合安全规范。例如,当系统检测到施工人员在高空作业时未系安全带或未采取其他防护措施时,会立即发出报警信号,并记录下相关证据。这种技术不仅能够及时发现并纠正违规行为,还能够对施工人员的安全意识和行为习惯进行长期跟踪和分析,为安全教育和培训提供有针对性的指导。行为识别技术还可以与其他智能技术相结合,实现更加精准的安全管理。例如,将行为识别技术与物联网技术相结合,可以实现对施工现场设备和材料的智能追踪和管理。当系统检测到某台设备或材料被非法移动或使用时,会立即发出报警信号,并记录下相关证据。这种技术可以有效防止设备和材料的丢失或损坏,保障施工现场的安全和秩序。

3. 安全隐患的智能预警与应急处理

智慧化安全管理不仅能够及时发现安全隐患,还能够实现智能预警和应急处理。通过整合视频监控、行为识别等多种技术手段,系统可以对施工现场的安全状况进行全面评估和分析,预测可能发生的安全事故和风险。当系统检测到潜在的安全隐患时,会立即发出预警信号,并通过短信、邮件等方式通知相关人员进行处理。同时,系统还可以根据预设的应急预案,自动启动应急响应机制,调动相关资源和力量进行救援和处理。在应急处理过程中,智慧化安全管理系统还能够提供实时的现场信息和数据支持。例如,通过视频监控系统可以实时查看事故现场的情况,为救援人员提供准确的定位和信息;通过行为识别技术可以分析事故原因和责任人,为事故调查和处理提供依据。这些功能的实现,大大提高了应急处理的效率和准确性,降低了事故的损失和影响。

4. 智慧化安全管理的持续优化与升级

随着技术的不断进步和应用场景的不断拓展,智慧化安全管理系统需要不断优化和升级。一方面,要加强对新技术、新设备的研究和应用,不断提升系统的性能和功能;另一方面,要加强对管理人员的培训和教育,增强他们的安全意识和操作技能,确保系统能够得到有效利用和发挥最大效益。同时,智慧化安全管理还需要与其他管理系统进行集成和协同。例如,与项目管理系统、质量管理系统等进行集成,实现信息的共享和协同管理;与智能交通系统、智慧城市等进行协同,实现更加广泛的安全监控和管理。这些集成和协同的实现,将进一步提升智慧化安全管理的水平和效果。

三、物料追踪与管理

(一)RFID 技术引领高速公路建设项目物资管理新变革

1. 物资管理现状

在高速公路建设项目的传统施工管理中,物资管理往往是一个复杂且容易出错的环节。由于项目规模大、物资种类繁多,加之施工现场环境复杂,物资的追踪与管理成为一项艰巨的任务。传统的物资管理方式,如手工记录、条形码扫描等,不仅效率低下,还容易出现错误和遗漏,导致物资浪费、物流不畅以及施工成本上升等问题。

2. RFID 技术的引入

RFID 技术,即无线射频识别技术,通过无线信号自动识别并读取目标物体的相关信息,实现了物资的实时追踪与管理。在高速公路建设项目中,RFID 技术的应用覆盖了物资管理的全流程,从采购、入库、领用到消耗,每一个环节都清晰可见。RFID 技术的优势在于其高效、准确、实时的特性。相较于传统的物资管理方式,RFID 技术能够大大提高物资管理的效率和准确性。它无须人工干预,即可自动完成物资的识别与记录,减少了人为错误和遗漏的可能性。同时,RFID 技术还能够实现物资的实时监控,让管理者随时掌握物资的动态信息,为决策提供了有力的数据支持。

(二)RFID技术助力高速公路建设项目物资管理全面升级

1. 采购环节的高效管理

在采购环节,RFID技术的应用使得物资的采购过程更加透明和高效。通过为每一批物资赋予唯一的RFID标签,管理者可以实时追踪物资的采购进度和到货情况。这不仅有助于确保物资的及时供应,还能够有效防止因物资短缺或延误而导致的施工进度受阻。同时,RFID技术还能够实现采购信息的自动化录入和整理,为后续的物资管理奠定了坚实的基础。

2. 入库与领用的精准控制

当物资到达施工现场并入库时,RFID技术再次发挥了强大的作用。通过RFID读写器对物资进行快速扫描,物资的入库信息能够瞬间被记录到系统中,实现了物资的精准入库。而到领用环节,施工人员只需携带RFID手持终端,即可轻松完成物资的领用操作。这不仅大大提高了领用效率,还确保了领用过程的准确性和可追溯性。

3. 消耗环节的实时监控与优化

在物资的消耗环节,RFID技术同样发挥着不可或缺的作用。通过实时监控物资的消耗情况,管理者可以及时了解物资的剩余量和消耗速度,为后续的物资采购和调配提供科学依据。同时,RFID技术还能够实现消耗信息的自动化统计和分析,帮助管理者发现潜在的浪费现象和改进空间,从而不断优化物资管理策略,降低施工成本。

4. 物资管理的全面可视化与智能化

借助RFID技术,高速公路建设项目的物资管理实现了全面的可视化和智能化。管理者可以通过RFID系统实时查看物资的分布情况、使用状态和库存量等信息,对物资的流动情况进行全面掌控。这种可视化的管理方式不仅提高了管理效率,还增强了管理的透明度和可追溯性。同时,RFID技术还能够与其他智能化技术相结合,如大数据分析、云计算等,为物资管理提供更加智能化的解决方案,推动高速公路建设项目施工管理向更高层次迈进。

四、环境监测与评估

(一)实时监测,精准掌握环境动态

在高速公路建设项目施工管理的智慧化实践中,环境监测成为一项不可或缺的重要任务。通过安装先进的传感器和监测设备,系统能够实时捕捉施工现场的噪声、扬尘等关键环境参数。这些设备如同施工现场的眼睛和耳朵,不间断地收集环境数据,为管理者提供了全面、准确的环境信息。噪声监测设备能够精确测量施工过程中的噪声水平,帮助管理者及时识别并控制噪声源,减少对周边居民和环境的干扰。同时,扬尘监测设备能够实时监测空气中的粉尘浓度,为施工过程中的防尘措施提供数据支持。通过这些实时监测手段,管理者能够精准掌握施工现场的环境动态,为后续的施工管理和环境保护工作奠定坚实基础。

(二)绿色施工,自动调整优化方案

在获取了准确的环境监测数据后,智慧化施工管理系统能够根据这些数据自动调整施工方案,以实现绿色施工的目标。系统会对噪声、扬尘等环境影响因素进行综合分析,评估不同施工方案对周边环境的影响程度。基于这些评估结果,系统能够智能地选择最优的施工方案,以最大程度地减少施工活动对周边生态的破坏。例如,当系统检测到扬尘浓度超标时,它会自动调整施工流程,增加洒水降尘的频率,或者调整施工时间以避开风力较大的时段。这种自动调整优化方案的方式,不仅提高了施工效率,还有效保护了周边的生态环境,实现了经济效益与生态效益的双赢。

(三)评估反馈,持续改进环境管理

智慧化施工管理系统不仅具备实时监测和自动调整的功能,还能够对环境管理效果进行评估和反馈。系统会根据环境监测数据和施工方案调整后的实际效果,进行定期的环境影响评估。通过对比分析不同时间段的监测数据,系统能够直观地展示施工活动对周边环境的影响程度,以及采取的环保措施

的有效性。这些评估结果不仅为管理者提供了决策依据，还能够作为持续改进环境管理的基础。管理者可以根据评估结果，及时调整和优化环保措施，确保施工过程中的环境保护工作始终保持在较高水平。同时，这种评估和反馈机制也促进了施工团队对环境保护意识的提升，推动了绿色施工理念在高速公路建设项目中的深入应用。

第三节 建设质量的智慧化监控与保障体系

一、高速公路建设质量的智慧化监控

（一）无人机技术

1. 无人机技术在高速公路建设质量智慧化监控中的应用优势

无人机技术在高速公路建设质量的智慧化监控中展现出了显著的应用优势。通过无人机搭载的高清摄像头和先进传感器，可以对高速公路建设现场进行全方位、无死角的监测。无人机的灵活性极强，能够轻松飞越障碍物，到达人工难以到达的区域，如桥梁底部、隧道内部等，从而捕捉到传统监控手段难以获取的细节信息。其覆盖范围广，能够在短时间内完成大面积区域的巡检，大大提高了监控效率。无人机巡检的高清晰度图像和实时数据传输功能，使得监控人员能够即时观察到施工现场的实际情况，对潜在的质量问题做出快速响应。这种即时反馈机制有助于及时纠正施工偏差，确保工程质量符合标准。此外，无人机技术还能够降低监控成本，减少人工巡检的人力物力投入，提升整体监控效益。综上所述，无人机技术以其独特的优势，在高速公路建设质量的智慧化监控中发挥着不可或缺的作用。

2. 无人机巡检在高速公路建设质量监控中的具体实践

在高速公路建设质量的智慧化监控过程中，无人机巡检的具体实践体现了其高效与精准。无人机能够按照预设的航线进行自主飞行，对高速公路的各个建设环节进行细致入微的监测。例如，在路面铺设阶段，无人机可以通过高清摄像头捕捉路面裂缝、坑洼等细微瑕疵，为维修部门提供精确的修复位置

和范围。在桥梁和隧道建设中,无人机能够进入人工难以到达的区域,对桥梁结构、隧道内部进行全方位监测,及时发现安全隐患。此外,无人机还可以搭载多种传感器,如红外热像仪、气体检测仪等,对施工现场的环境参数进行实时监测,如温度、湿度、有害气体浓度等,为施工安全提供有力保障。在实际操作中,无人机巡检的数据可以实时传输至监控中心,通过智能分析系统对图像和数据进行处理,自动识别潜在的质量问题,并生成详细的巡检报告。这些报告不仅为施工管理部门提供了决策依据,也为后续的质量追溯和责任追究提供了有力支持。通过无人机巡检的广泛应用,高速公路建设质量的智慧化监控水平得到了显著提升。

(二)GPS 监控技术

1. GPS 监控技术在高速公路建设中的应用

在高速公路建设的复杂环境中,微小的偏差都可能导致结构的不稳定,进而影响整个公路的安全性和使用寿命。全球定位系统(GPS)监控技术,以其高精度和实时性的优势,成为确保施工精度的重要工具。GPS 通过接收来自多颗卫星的信号,能够实时测量地理位置的三维坐标,即经度、纬度和高度。这一特性使得 GPS 技术在高速公路建设中能够精确控制施工位置,确保路基、桥梁等关键部位按照设计要求进行建设。在施工过程中,GPS 监控设备被安装在施工机械上,实时监测机械的位置和移动轨迹。通过与预设的施工图纸进行比对,施工人员可以及时调整机械的操作,确保施工精度达到设计要求。此外,GPS 监控技术还能够提供三维速度信息,即物体在三维空间中的移动速度。这一功能在高速公路建设中具有重要意义。通过监测施工机械的移动速度,施工人员可以判断机械的工作效率,及时调整施工计划,确保施工进度与质量控制要求相协调。同时,对于需要精确控制施工速度的关键环节,如混凝土浇筑、路基压实等,GPS 监控技术也能够提供有力的支持。

2. GPS 监控技术在高速公路质量控制中的关键作用

在高速公路的长期运营过程中,路基、桥梁等关键部位的位移和变形是不可避免的。这些变化可能由多种因素引起,如地基沉降、车辆荷载、自然环境变化等。为了及时发现并处理这些潜在的安全隐患,GPS 监控技术成为高速公路质量控制中不可或缺的一部分。通过安装 GPS 监控设备,高速公路管理部门可以实时监测路基、桥梁等关键部位的位移和变形情况。GPS 技术的高精度使得监测数据具有极高的可靠性,能够准确反映结构的变化趋势。一旦监测数据超出预设的安全范围,系统将立即发出报警信号,提醒管理人员采取相应的处理措施。除了实时监测外,GPS 监控技术还能够提供历史数据对比功能。通过对比不同时间点的监测数据,管理人员可以分析结构的变化趋势,预测未来可能出现的位移和变形情况。这有助于提前制订维修计划,避免潜在的安全风险。同时,GPS 监控技术还能够为高速公路的养护决策提供科学依据,降低养护成本,延长公路使用寿命。

(三)可视化监控

1. 可视化监控打造施工现场"透明化"

随着智能化技术的不断进步,可视化监控成为施工现场管理的新利器。通过这一技术,管理者能够以前所未有的方式,直观地查看施工现场的实时监控视频和关键数据图表,从而全面、准确地掌握施工进展情况。可视化监控的核心在于其强大的信息整合与呈现能力。它不仅能够将施工现场的多个监控画面实时传输至管理中心,让管理者仿佛身临其境地观察每一个施工细节,更能够将复杂的数据信息,如工程进度、材料消耗、人员配置等,通过图表、曲线等形式直观展示出来。这种"透明化"的管理方式,极大地提高了管理者对施工现场的感知能力和决策效率。在可视化监控的助力下,管理者能够及时发现并解决施工过程中的问题,如施工进度滞后、材料浪费、安全隐患等。同时,通过对比历史数据和实时数据,管理者还能够预测未来的施工趋势,为项目的顺利推进提供科学依据。可视化监控的应用,不仅提升了施工现场的管理水平,更为项目的成功实施奠定了坚实基础。

2. 全面洞察施工现场是可视化监控引领管理新风尚

在高速公路建设项目施工管理的智慧化转型中,可视化监控无疑成为引领潮流的重要力量。它通过智能化技术的加持,为管理者提供了一扇全面洞察施工现场的"窗口",让管理变得更加高效、精准。借助可视化监控,管理者能够随时随地查看施工现场的实时状况,无论是繁忙的施工现场,还是偏远的材料堆放区,都逃不过管理者的火眼金睛。这种全方位的监控方式,不仅增强了管理者对施工现场的掌控力,还提高了应急响应速度,确保在发生突发事件时能够迅速采取措施,保障施工安全和进度。除了实时监控外,可视化监控还具备强大的数据分析能力。它能够将施工现场产生的海量数据进行整合、分析,形成易于理解的图表和报告。管理者通过这些图表和报告,可以深入了解施工过程中的各个环节,发现潜在的问题和改进空间,为优化施工方案、提高施工效率提供有力支持。

二、高速公路建设质量的保障体系

(一)质量保证体系的建立

1. 质量管理制度的完善,是构建高速公路建设质量的基石

在高速公路建设质量保障体系中,质量管理制度的完善是首要任务。这要求项目管理者必须制定一套全面、细致且可操作的质量管理制度。这些制度须明确施工过程中的各项质量要求、标准操作流程以及质量控制的关键节点。通过制度的规范化,确保每一位参与施工的人员都能清晰地了解自己的职责与任务,以及必须遵循的质量标准。同时,制度中还应包含对违规行为的处罚措施,以此作为约束施工行为、保障工程质量的重要手段。完善的质量管理制度,为高速公路建设质量的智慧化监控提供了坚实的制度基础,确保了施工活动的有序进行和质量的稳步提升。

2. 工作流程与标准规范的制定是细化质量控制的关键环节

为了确保高速公路建设过程中的每一个环节都能达到质量要求,必须制定详细的工作流程和标准规范。工作流程应涵盖从项目启动到竣工验收的全过程,明确各阶段的任务划分、责任归属以及时间节点。标准规范则是对施工过程中的具体操作进行细化规定,包括材料选用、施工工艺、质量检测等方面的具体要求。通过工作流程与标准规范的制定,施工人员能够清晰地了解每一步操作的标准和流程,减少因操作不当导致的质量问题。同时,这也为质量监控人员提供了明确的检查依据,使得质量控制更加精准、高效。

3. 质量责任追究机制的建立,有利于强化质量管理严肃性

在高速公路建设质量保障体系中,质量责任追究机制的建立是确保质量管理制度得到有效执行的关键。这一机制应明确各级管理人员和施工人员的质量责任,对在施工过程中出现的质量问题进行严肃处理,并追究相关人员的责任。通过责任追究,不仅能够增强全体参建人员的质量意识,还能够形成有效的震慑力,防止质量问题的再次发生。同时,质量责任追究机制也为质量监控工作提供了有力的支持,确保了监控工作的权威性和有效性。在高速公路建设质量的智慧化监控过程中,质量责任追究机制的建立是不可或缺的一环,它为实现工程质量的全面提升提供了坚实的保障。

(二)智能化检测技术的应用

1. 无人机高空质量巡检,是高速公路质量监控的新视角

在高速公路建设质量的保障体系中,无人机高空巡检技术以其独特的视角和高效的巡检能力,成为不可或缺的一环。无人机搭载高清摄像头和先进传感器,能够轻松飞越广阔的路面,对高速公路进行全方位、无死角的检测。这种高空巡检方式不仅极大地提高了巡检效率,还能快速发现路面裂缝、坑槽等细微质量问题。通过实时传输的图像和数据,监控人员能够及时掌握路面状况,为后续的维修和保养提供精准定位。无人机巡检技术的引入,不仅提升了高速公路质量监控的智能化水平,更为保障行车安全和提升道路使用寿命提供了有力支持。

2. 智能机器人检测是桥梁隧道质量监控的精细化手段

面对桥梁、隧道等复杂结构,传统的人工检测方式往往难以达到理想的精度和效率。而智能化检测技术的应用,特别是智能机器人的引入,为这一难题提供了有效的解决方案。智能机器人能够进入人工难以到达的区域,如桥梁底部、隧道内壁等,进行细致入微的检测。它们搭载的高精度传感器和检测设备,能够准确测量结构的尺寸、变形和裂缝等情况,为评估结构安全提供可靠数据。智能机器人的应用,不仅提高了检测精度,还大大降低了检测过程中的安全风险,为高速公路建设质量的全面把控提供了有力保障。

3.智能化检测技术融合构建全方位质量监控体系

在高速公路建设质量的保障体系中,智能化检测技术的融合应用是提升监控水平的关键。无人机高空巡检与智能机器人检测相结合,形成了对高速公路从路面到结构、从宏观到微观的全方位监控。这种融合应用不仅提高了检测效率,还实现了质量问题的快速发现和精准定位。同时,智能化检测技术还能够与大数据分析、人工智能等先进技术相结合,对检测数据进行深度挖掘和智能分析,为预测和预防质量问题提供科学依据。通过智能化检测技术的融合应用,高速公路建设质量的保障体系得以进一步完善,为打造安全、高效、耐用的高速公路网络奠定了坚实基础。

(三)人员培训与管理

1.人员培训有利于提升专业技能与质量意识

在高速公路建设质量保障体系中,施工人员的专业技能和质量意识是确保工程质量的基础。为了实现这一目标,必须加强对施工人员的培训。通过定期组织专业技能培训,施工人员可以学习到最新的施工技术和方法,掌握先进的施工设备操作技能,从而提升自身的专业素养。同时,质量意识培训也是不可或缺的一环。通过培训,使施工人员深刻理解工程质量的重要性,明确自身在质量控制中的角色和责任,从而在工作中时刻保持高度的质量意识。此外,培训还可以结合实际操作进行,让施工人员在实践中加深对理论知识的理解,提升解决实际问题的能力。这种理论与实践相结合的培训方式,能够更有效地提升施工人员的专业技能和质量意识,为高速公路建设质量的提升奠定坚实基础。

2.人员考核确保培训效果与实操水平

培训只是提升施工人员素质的第一步,要确保培训效果真正转化为实操能力,还需要进行严格的考核。通过定期组织考核活动,可以对施工人员的专业技能和质量意识进行全面评估。考核内容应涵盖理论知识和实际操作两个方面,既考察施工人员对施工规范和标准的理解程度,又检验其在实际操作中的表现。对于考核不合格的人员,应及时进行再培训,直至其达到要求。这种考核机制不仅能够确保施工人员的培训效果得到有效巩固,还能够激发其不断学习和进步的动力。同时,考核结果也可以作为施工人员晋升和奖励的重要依据,进一步激发其工作积极性和责任心。

3.人员管理强化规范操作与纪律约束

除了培训和考核外,加强对施工人员的日常管理也是确保高速公路建设质量的关键。这包括对施工人员的工作纪律、安全规范、操作流程等方面进行严格管理。通过制定明确的施工规范和标准,要求施工人员严格按照规定进行操作,确保每一步施工都符合质量要求。同时,加强对施工现场的巡查和监督,及时发现并纠正施工人员的违规行为。对于违反规定的人员,应给予相应的处罚。此外,还可以建立施工人员档案,记录其工作表现、培训经历和考核结果等信息,为后续的人员管理和使用提供参考。通过这种强化规范操作和纪律约束的管理方式,可以确保施工人员在工作中始终保持高度的责任心和敬业精神,为高速公路建设质量的提升提供有力保障。

(四)多方协同合作

1.强化多方沟通,构建高速公路建设质量协同保障体系

在高速公路建设质量的保障体系中,强化多方沟通是确保工程质量的关键环节。建设单位作为项目的发起者,需承担起主导协调的重任,积极搭建沟通平台,促进设计单位、施工单位、监理单位等各方之间的有效交流。通过定期召开项目协调会议,各方能够及时了解项目进展,共享质量信息,共同分析施工过程中可能出现的质量风险。这种沟通机制不仅有助于预防质量问题的发生,还能在问题出现时迅速响应,集思广益,寻找最佳解决方案。建设单位应鼓励各方提出建设性意见,尊重专业判断,确保决策过程的透明与公正,从而构建起一个基于信任与合作的高速公路建设质量协同保障体系。

2.深化协同合作,共筑高速公路建设质量坚固防线

深化协同合作是高速公路建设质量保障体系中的核心要素。设计单位应充分发挥其专业优势,提供科学合理的设计方案,确保工程在源头上具备高质量的基础。施工单位则需严格按照设计图纸和施工规范进行操作,加强现场

管理,确保施工质量符合标准。监理单位作为第三方监督力量,应履行好监督职责,对施工过程进行全面监控,及时发现并纠正违规行为。同时,各方还应建立信息共享机制,利用现代信息技术手段,如项目管理软件、云平台等,实现质量数据的实时传递与共享,提高协同合作的效率与精准度。通过深化协同合作,各方能够形成合力,共同应对施工过程中遇到的各种挑战,筑起一道坚固的高速公路建设质量防线,为公众提供安全、可靠、优质的交通基础设施。

第四节　智慧化建设成果的应用效果评估

一、交通效率的提升

(一)智慧化高速公路是交通效率提升的驱动力

1. 智能交通管理系统实时动态调整

在高速公路智慧化建设中,智能交通管理系统作为核心技术之一,正深刻改变着传统交通管理的面貌,成为提升交通效率的重要驱动力。该系统集成了先进的信息技术、物联网技术、大数据分析及人工智能技术,实现了对高速公路交通状况的全方位、实时监控。通过部署在路边的传感器、摄像头以及车辆上的 GPS 装置,系统能够实时采集车流量、车速、车辆类型、道路状况等多维度数据,为交通管理提供坚实的数据基础。基于这些实时数据,智能交通管理系统能够自动调整交通信号控制,实现信号灯的智能配时。它根据各方向车流量的动态变化,灵活调整绿灯时间,确保车辆能够高效通过交叉口,减少等待时间。同时,系统还能根据路况信息,动态调整车道使用规则,如在高峰时段开启潮汐车道,以缓解特定方向的交通压力。此外,对于突发性的交通事件,如交通事故、道路施工等,系统能够迅速响应,通过调整信号灯、发布交通提示信息等方式,引导车辆绕行,避免拥堵的扩散。

2. 车辆通行路径优化

除了做好交通管理与信号优化外,智慧高速还通过提供智能导航与路径规划服务,进一步提升了交通效率。这些服务依托于智能交通管理系统强大的数据分析能力,结合实时路况信息,为驾驶员提供了前所未有的出行便利。驾驶员可以通过手机 App、车载导航系统等渠道,轻松获取前方路况的实时信息,包括拥堵情况、施工信息、天气状况等。基于这些信息,智能路径规划算法能够迅速计算出多条可选线,并根据驾驶员的偏好(如最短时间、最少收费、避免高峰时段等)推荐最优路线。这种个性化的路线规划服务,不仅帮助驾驶员提前规避了拥堵路段,还大大减少了因迷路或选择不当路线而浪费的时间。此外,智能导航系统还能根据实时交通数据,动态调整导航路线。当原定路线出现严重拥堵或交通事故时,系统能够自动重新规划路线,引导驾驶员绕开拥堵点,确保行程的顺畅。这种动态的路线优化能力,极大地提高了高速公路的通行效率,减少了不必要的等待和绕行。

(二)信息服务与驾驶体验

1. 路况查询与交通信息推送

智慧高速不仅通过智能交通管理系统提升交通效率,还通过提供丰富的信息服务,进一步增强了驾驶员的驾驶体验。其中,路况查询与交通信息推送是两项尤为重要的服务。驾驶员可以通过手机 App 或高速公路沿线的电子信息板,随时查询当前及未来的路况信息。这些信息包括但不限于道路拥堵情况、施工信息、天气预警等,为驾驶员提供全面的出行参考。同时,系统还能根据驾驶员的出行计划和当前位置,主动推送相关的交通信息,确保驾驶员能够及时了解前方路况,做出合理的行驶决策。

2. 一体化出行服务便捷与高效并存

除了路况查询和交通信息推送外,智慧高速还提供了一体化出行服务,将多种出行方式(如高速、公交、地铁等)的信息整合在一起,为驾驶员提供全方位的出行方案。这种一体化服务不仅提高了出行的便捷性,还促进了不同交通方式之间的无缝衔接,进一步提升了整体交通效率。例如,当驾驶员计划从高速公路出口进入城市内部时,系统可以自动推荐附近的公交站或地铁站,并提供换乘方案和时间表。这种智能化的出行建议,不仅减少了驾驶员在城市内部寻找停车位的麻烦,还促进了公共交通的利用,缓解了城市交通压力。

二、安全性的增强

(一)实时监测与预警系统并用防患于未然

在高速公路智慧化建设的浪潮中,安全性的提升无疑是最为瞩目的成果之一。这一成就的背后,离不开智能监控设备和传感器的广泛应用。这些高科技设备如同高速公路上的哨兵,24小时不间断地守护着道路的安全。它们能够实时监测道路状况,包括路面湿滑、坑洼、障碍物等潜在危险,以及车辆的行驶状态,如车速、车距、是否违规变道等。通过先进的数据处理和分析技术,系统能够迅速识别出异常情况,并及时发出预警信号。例如,当系统检测到某辆车超速行驶时,会立即通过路边的显示屏或车载终端向驾驶员发出超速警告,提醒其减速慢行;若车辆违规变道,系统也会迅速做出反应,通过声音或视觉信号警示驾驶员,避免可能的碰撞事故。这种实时监测与预警机制,大大增强了驾驶员的安全意识,有效预防了交通事故的发生。

(二)紧急救援服务快速响应,降低损失

除了实时监测与预警外,智慧化高速公路还提供高效的紧急救援服务,如果发生交通事故,系统能够迅速定位事故地点,并自动触发救援流程。这得益于智能监控设备和传感器与救援中心的紧密联动。系统能够实时传输事故现场的视频和图像信息,为救援人员提供第一手资料,帮助他们快速了解事故情况,制定有效的救援方案。同时,智慧高速还建立了完善的救援网络,涵盖消防、医疗、交警等多个部门,确保在事故发生后能够迅速调集各方力量,形成合力进行救援。通过精确的定位和高效的调度,救援人员能够迅速到达事故现场,展开救援行动。这不仅大大缩短了救援时间,提高了救援效率,还有效降低了事故造成的损失。在紧急救援服务中,智慧化高速公路还展现了其人性化的一面。系统能够自动拨打事故车辆预留的紧急联系电话,通知车主或乘客的家属,减轻他们的担忧和焦虑。同时,系统还能提供附近医院、维修点等信息,为事故处理提供便利。

(三)全面提升安全性构建智慧交通新生态

智慧化高速公路在安全性方面的提升,不仅仅体现在实时监测与预警、紧急救援服务等方面,更在于它构建了一个全新的智慧交通生态。在这个生态中,人、车、路、环境等要素被有机整合在一起,通过智能技术实现高效协同。这种协同不仅提高了交通效率,更在无形中增强了道路的安全性。例如,通过智能交通信号控制系统,系统能够根据实时交通流量自动调整信号灯配时,减少车辆等待时间,降低拥堵风险;通过车联网技术,车辆之间可以实现信息共享和协同驾驶,避免追尾、碰撞等事故的发生;通过智能照明系统,系统能够根据环境光线自动调节路灯亮度,提高夜间行车的安全性。此外,智慧化高速公路还注重与周边环境的和谐共生。通过智能环保监测设备,系统能够实时监测道路沿线的空气质量、噪声水平等环境指标,为环保部门提供决策支持。同时,智慧高速还积极推广新能源汽车和清洁能源的使用,减少碳排放和环境污染,为构建绿色、低碳的交通体系贡献力量。

三、环境影响的降低

(一)智能交通管理系统优化路径,减少污染

在高速公路智慧化建设的浪潮中,智能交通管理系统的引入为环境保护带来了显著成效。这一系统通过先进的算法和数据分析,能够实时优化车辆的通行路线,减少不必要的车辆行驶和排放。在传统的高速公路管理模式下,车辆往往因为路况不明、导航不准确等原因,产生大量的绕行和等待现象,不仅浪费了时间,还增加了空气污染和噪声污染。而智能交通管理系统的出现,彻底改变了这一状况。系统通过收集和分析实时路况、天气、交通管制等信息,为车辆提供最优的行驶路线建议。车辆在科学规划的路线上行驶,不仅减少了行驶距离和时间,还大大降低了尾气排放和噪声污染。同时,系统还能够对交通流量进行智能调控,避免交通拥堵的发生,进一步减少了因车辆怠速而产生的污染。智能交通管理系统的应用,让高速公路变得更加绿色、环保,为改善空气质量、保护生态环境做出积极贡献。

（二）新能源汽车推广助力绿色出行，减少碳排放

在高速公路智慧化建设的进程中，新能源汽车的推广成为降低环境污染的又一重要举措。传统燃油车在行驶过程中会产生大量的二氧化碳和其他有害气体，对环境造成严重影响。而新能源汽车，如电动汽车、氢能汽车等，以其零排放、低噪声的特点，成为绿色出行的代表。智慧高速公路积极推广新能源汽车的使用，通过建设充电站、加氢站等基础设施，为新能源汽车提供便捷的能源补给。同时，还利用智能交通管理系统对新能源汽车实行优先调度和优惠政策，鼓励更多车主选择新能源汽车出行。新能源汽车的广泛应用，不仅减少了碳排放，还降低了空气污染和噪声污染，为高速公路的绿色发展注入了新的活力。

（三）清洁能源应用助力高速，守护蓝天

在高速公路建设中，煤炭、石油等传统的化石能源是主要的能源消耗来源，这些能源的燃烧会产生大量的二氧化碳和其他污染物，对环境造成严重破坏。为了改变这一状况，智慧高速公路积极探索清洁能源的应用。通过建设太阳能发电站、风能发电站等可再生能源设施，为高速公路提供清洁、可持续的能源供应。同时，还利用智能电网技术，实现能源的智能化管理和分配，提高能源利用效率。清洁能源的广泛应用，不仅减少了化石能源的消耗和碳排放，还降低了空气污染和噪声污染，为守护蓝天白云、建设绿色高速公路做出积极贡献。

四、经济效益和社会效益的提升

（一）智慧化高速公路推动经济效益的显著增长

1. 交通效率提升与运输成本降低

智慧化高速公路的建设和运营，首先在经济层面带来了显著的正面影响。通过集成先进的信息技术、物联网技术和大数据分析，智慧高速实现了对交通流的精准管理和优化。实时交通监测与分析系统能够迅速识别并应对交通拥

堵状况,通过智能信号控制和路线规划,有效引导车辆分流,减少交通延误。这种高效的交通管理不仅提升了道路的通行能力,还显著降低了因拥堵而产生的额外运输成本,包括时间成本、燃油消耗以及车辆维护费用。同时,智慧高速通过提高交通安全性,进一步减少了交通事故的发生。智能交通管理系统能够实时监测道路状况,及时发现并预警潜在的安全隐患,如车辆故障、行人闯入等,为驾驶员提供及时的避险指导。这不仅保护了驾驶员和乘客的生命安全,也大幅降低了因事故导致的经济损失,包括车辆维修费、医疗费用以及因事故造成的道路封闭等间接损失。

2. 促进相关产业发展与创新

随着智慧高速技术的不断进步,诸如智能交通设备制造、大数据分析、云计算服务等领域迎来了新的发展机遇。这些领域的企业通过技术创新和产品升级,满足了智慧高速对高性能设备和服务的需求,同时也推动了自身业务的快速增长。此外,智慧高速的建设还带动了上下游产业链的协同发展。从传感器、摄像头的生产,到数据处理软件的开发,再到智能交通系统的集成与维护,整个产业链上的企业都受益于智慧高速的蓬勃发展。这种产业链效应不仅促进了经济增长,还带动了就业,为社会的稳定和发展做出积极贡献。

(二)智慧化高速公路促进社会效益的全面提升

1. 公众出行体验的优化

智慧化高速公路的建设和运营,在提升经济效益的同时,也极大地改善了公众的出行体验。通过提供丰富的信息服务,如路况查询、路线规划、实时导航等,智慧高速使驾驶员能够更加方便地规划行程,避开拥堵路段,选择最优路线。这不仅节省了驾驶员的时间和精力,还提高了出行的舒适性和安全性。此外,智慧高速还通过智能化设施的建设,如电子收费站、自助服务区等,简化了高速公路的通行流程,减少了人为干预,提高了通行效率。这些智能化设施不仅方便了驾驶员,还降低了高速公路运营的人力成本,实现了双赢。

2. 社会整体福祉的增进

智慧高速的建设和运营,还对社会整体福祉产生了积极影响。一方面,通过提高交通效率和安全性，智慧高速减少了交通事故的发生，保护了公众的生命财产安全。这不仅减少了因事故导致的社会成本，还提高了公众的安全感和幸福感。

另一方面，智慧高速的建设促进了区域经济的均衡发展。通过优化交通网络，提高运输效率，智慧高速加强了不同地区之间的经济联系，促进了资源、人才和信息的流动。这种流动不仅带动了落后地区的经济发展，还促进了整个社会的繁荣和稳定。并且，智慧高速的建设还推动了环境保护和可持续发展。通过优化交通流，减少拥堵和延误，智慧高速降低了车辆的燃油消耗和尾气排放，减少了环境污染。同时，智慧高速还通过智能化管理，提高了资源的利用效率，促进了绿色交通的发展。

第四章　高速公路智慧化管理体系构建

第一节　智慧化管理组织架构与职责划分

一、决策层

（一）构成

在高速公路智慧化管理组织架构中，决策层作为整个管理体系的顶端，其构成至关重要。这一层级主要由高速公路管理机构的高层领导团队组成，他们不仅是智慧化建设的引领者，更是推动高速公路智慧化进程的关键力量。具体来说，决策层通常包括高速公路管理机构的负责人，他们拥有丰富的管理经验和对高速公路行业的深刻理解，能够从宏观角度把握智慧化建设的方向。智慧化建设项目的总指挥也是决策层不可或缺的一员，他们通常具备项目管理的专业知识和实践经验，负责统筹协调各方资源，确保智慧化建设项目的顺利推进。此外，根据实际需要，决策层还包括其他相关领域的专家或顾问，他们为决策过程提供专业意见和技术支持，确保决策的科学性和可行性。决策层的构成体现了高速公路智慧化管理对于跨部门、跨领域合作的重视。高层领导团队的多元化背景和专业能力，为智慧化建设提供了全面的视角和丰富的经验，有助于制定出更加符合实际、具有前瞻性的长期规划和战略目标。

（二）职责

决策层在高速公路智慧化管理组织架构中承担着举足轻重的职责。一方面，他们需要制定高速公路智慧化发展的长期规划和战略目标。这要求决策层具备对行业动态和市场趋势的敏锐洞察力，能够准确把握智慧化建设的发展方向和重点任务。通过深入调研和科学分析,决策层需要明确智慧化建设的总体目标、阶段性目标和具体实施方案,为整个智慧化进程提供清晰的路线图。另一方面,决策层负责审批智慧化建设项目的重大决策和投资计划。这包括项目的立项、预算、采购、施工等各个环节的审批工作。决策层需要综合考虑项目的经济效益、社会效益以及风险防控等因素,确保投资决策的科学性和合理性。同时,他们还需要对投资计划进行动态调整和优化,以适应市场变化和项目实施的实际情况。

决策层还需要监督智慧化系统的整体运行效果,确保实现预期目标。这要求决策层建立完善的监督机制,定期对智慧化系统的运行情况进行评估和反馈。通过收集和分析系统运行的各项数据指标,决策层可以及时发现并解决存在的问题和不足,确保智慧化系统能够持续稳定地为高速公路管理提供有力支持。同时,他们还需要根据评估结果对智慧化建设进行持续改进和优化,不断提升高速公路的管理效率和服务水平。

二、管理层

(一)智慧化管理中心

智慧化管理中心作为高速公路智慧化管理系统的核心枢纽,承担着整体协调与管理的重任。该中心致力于构建一套高效、协同的管理体系,通过制定科学的管理制度、流程和标准,确保智慧化系统的各个环节能够有序运行。它不仅负责规划系统的长远发展蓝图,还需实时监控系统的运行状态,及时发现并解决管理中出现的问题。智慧化管理中心强调跨部门协作,通过优化资源配置,提升管理效率,确保智慧化系统的各项功能得到充分发挥。此外,该中心还负责培训管理人员,提升团队的专业技能和综合素质,为智慧化系统的持续升级和优化提供坚实的人才支撑。通过不断的创新与实践,智慧化管理中心正逐步推动高速公路管理向更加智能化、精细化的方向迈进。

(二)信息中心

信息中心是高速公路智慧化管理系统的数据大脑,负责数据的全生命周期管理。从数据的采集、处理到分析和应用,信息中心都发挥着至关重要的作用。为了建立和维护一个高效的数据中心,信息中心不仅需部署先进的数据采集设备,还需开发完善的数据处理算法,确保数据的准确性、完整性和时效性。在信息安全方面,信息中心采取多重加密和备份措施,保障数据的安全存储与传输。通过对海量数据的深度挖掘与分析,信息中心能够为智慧化决策提供有力的数据支持,帮助管理者洞察高速公路的运行状况,预测未来趋势,从而做出更加科学、合理的决策。此外,信息中心还负责数据的可视化展示,让复杂的数据变得直观易懂,为管理者提供便捷的决策工具。

(三)运维中心

运维中心是高速公路智慧化系统稳定运行的重要保障。面对复杂多变的系统环境,运维中心承担着日常维护和升级的重任。这包括硬件设备的定期检查与检修,确保设备处于最佳工作状态;软件的及时更新与升级,以修复漏洞、提升性能;网络的持续监控与维护,保障数据传输的畅通无阻。运维中心采用先进的运维管理工具和技术手段,实现系统的自动化监控与故障预警,大大提高了运维效率。同时,运维中心还注重团队建设,通过定期培训和技能提升,确保团队成员能够迅速应对各种突发情况,保障系统的持续稳定运行。通过运维中心的不懈努力,高速公路智慧化系统得以持续发挥效用,为公众提供更加安全、便捷的出行体验。

(四)安全保障中心

安全保障中心是高速公路智慧化管理系统中的坚固防线,负责全方位的安全防护工作。面对日益严峻的网络安全威胁,安全保障中心采取多层次、立体化的防护措施,确保系统的网络安全、数据安全和物理安全。在网络安全方面,通过部署防火墙、入侵检测系统、反病毒软件等安全设备,构建严密的防御体系,防止外部攻击和内部泄露。在数据安全方面,采用加密存储、访问控制、数据备份等技术手段,确保数据的机密性、完整性和可用性。在物理安全方面,加强对关键设施的保护,如数据中心、服务器机房等,防止物理破坏和非法访问。安全保障中心还建立了完善的安全应急响应机制,一旦发生安全事故,能够迅速响应、有效处置,最大限度地减少损失。通过不断的安全技术研究和实践,安全保障中心正为高速公路智慧化系统的安全运行提供坚实的保障。

三、执行层

(一)监控中心

1. 监控中心是实时交通状况的守护者

在高速公路智慧化管理组织架构中,监控中心是实时交通状况的守护者,负责全天候、全方位地监控高速公路的交通动态。通过遍布全线的摄像头和各类传感器,监控中心能够实时采集路况信息,包括车辆流量、行驶速度、车道占用情况以及交通事故、拥堵等突发事件。这些信息如同一条条生命线,汇聚到监控中心的显示屏上,为管理者提供了直观、准确的交通画卷。监控中心的工作人员经过专业培训,能够迅速识别并分析路况数据,及时发现潜在的交通问题。他们利用先进的监控软件,可以实现对特定路段的实时追踪和放大,以便更细致地观察交通状况。一旦发现有车辆故障、事故或道路施工等情况,监控中心会立即启动应急响应机制,通知相关部门进行快速处理,确保道路的畅通无阻。同时,监控中心还与交警、路政等部门保持紧密联动,共同构建了一套高效、协同的应急管理体系,为高速公路的安全运行提供了有力保障。除了实时监控外,监控中心还承担着数据分析与决策支持的重任。通过对历史交通数据的深度挖掘,监控中心能够揭示交通流量的变化规律,预测未来的交通趋势。这些分析结果对于制定科学的交通管理策略、优化道路布局、提升通行效率具有重要意义。此外,监控中心还利用大数据、人工智能等先进技术,开发智能预警系统,提前识别并对潜在的交通风险发出预警,为管理者提供更为精准、及时的决策依据。

2. 监控中心是设施运行状态的智能监控者

在高速公路智慧化管理体系中,监控中心不仅是实时交通状况的守护者,更是设施运行状态的智能监控者。高速公路作为复杂的交通基础设施,其正常运行离不开各类设施设备的支持,如收费站、信号灯、照明系统、隧道通风设备等。监控中心通过集成化的监控平台,能够实时监测这些设施的工作状态,确保它们处于良好的运行状态。为了实现这一目标,监控中心采用了先进的物联网技术,将各类设施设备与监控平台相连,实现了数据的实时传输与共享。通过传感器和智能仪表,监控中心能够获取设施设备的运行参数,如温度、湿度、电压、电流等,从而及时发现异常情况。一旦发现设施故障或性能下降,监控中心会立即发出警报,并通知维护人员进行检修或更换,确保设施的及时修复和正常运行。此外,监控中心还利用大数据分析技术,对设施设备的运行数据进行深度挖掘,揭示其运行规律和故障模式。通过对历史故障数据的分析,监控中心能够预测设施的未来故障趋势,为制订科学的维护计划提供数据支持。这种预防性维护策略不仅提高了设施的可靠性和稳定性,还降低了维护成本,为高速公路的长期运行提供了有力保障。同时,监控中心还不断引入新技术、新设备,提升监控的智能化水平,为高速公路的智慧化管理注入了新的活力。

(二)调度中心

1. 调度中心是智慧高速的"交通指挥官"

在高速公路智慧化管理组织架构中,调度中心如同整个交通系统的指挥官,根据监控中心提供的实时信息,对交通流进行精准而高效的调度。调度中心的工作核心在于通过一系列智能化手段,优化车辆通行路线,确保高速公路的顺畅运行,从而有效缓解交通拥堵问题。调度中心依托先进的信息技术,如大数据分析、人工智能算法等,对监控中心传来的海量数据进行快速处理与分析。这些数据包括车辆类型、行驶速度、车流量、路况信息以及天气状况等,为调度决策提供了全面而准确的数据基础。基于这些数据,调度中心能够实时掌握高速公路上的交通动态,及时发现潜在的交通拥堵点或事故风险区域。如果发现交通异常情况,调度中心会迅速启动应急响应机制,通过调整信号灯控制策略、发布实时的交通信息引导等方式,对交通流进行灵活调度。例如,在高峰时段,调度中心可以通过优化信号灯配时,提高路口的通行效率;在发生交通事故或道路施工等情况下,调度中心能迅速发布绕行路线,引导车辆避开拥堵区域,确保交通流的顺畅。此外,调度中心还承担着与相关部门及机构的沟通协调职责。在应对重大交通事件或突发事件时,调度中心需要与交警、路政、应急救援等部门紧密合作,共同制定并执行应急处置方案,确保高速公路的安全与畅通。

2. 实时调度优化车辆通行,缓解交通拥堵

调度中心在高速公路智慧化管理中的作用不仅体现在日常的交通流调度上,更在于其能够根据实际情况,灵活调整调度策略,以最优化的方式引导车辆通行,从而有效缓解交通拥堵问题。通过实时分析监控中心提供的数据,调度中心能够准确判断高速公路上的交通状况,包括车流量的分布、车辆的行驶速度以及潜在的交通瓶颈等。基于这些分析结果,调度中心会制订相应的调度计划,通过调整信号灯的控制策略,如延长绿灯时间、缩短红灯时间等,来提高路口的通行能力,减少车辆的等待时间。同时,调度中心还会利用交通信息发布系统,及时向驾驶员发布实时的交通信息,包括路况、事故、施工等信息,引导驾驶员选择最佳的行驶路线。这种信息引导的方式不仅能够减少车辆因迷路或选择不当路线而造成的拥堵,还能够提高整个交通系统的运行效率。在应对突发事件时,调度中心的实时调度能力更是显得尤为重要。例如,在发生交通事故或自然灾害等紧急情况下,调度中心能够迅速启动应急预案,通过调整交通信号、发布紧急通知等方式,引导车辆绕开危险区域,确保人员安全,同时最大限度地减少交通拥堵对救援工作的影响。

(三)服务中心

1. 服务中心是高速公路信息的"一站式"服务平台

在高速公路智慧化管理组织架构中,服务中心作为连接公众与高速公路管理的重要桥梁,承载着提供全方位信息服务的重任。它整合了路况查询、路线规划、紧急救援等多项功能,通过网站、App、电话等多种渠道,为公众打造了一个"一站式"的信息服务平台。服务中心利用先进的信息技术手段,实时收集并更新高速公路上的路况信息,包括车流量、道路状况、天气情况等,确保公众能够随时获取最准确的路况数据。无论是计划出行还是正在路上,公众只需通过服务中心提供的渠道,就能轻松查询所需的路况信息,为出行做好充分准备。除了路况查询,服务中心还提供路线规划服务。根据公众的出行需求和实时路况,服务中心能够智能生成最优的行驶路线,帮助公众避开拥堵路段,节省出行时间。这一功能不仅提高了公众的出行效率,还减少了因盲目行驶而造成的资源浪费和环境污染。

2. 多渠道服务让信息触手可及

服务中心深知公众对信息获取便捷性的需求,因此,它构建了包括网站、App、电话在内的多种服务渠道,确保公众能够随时随地获取所需的高速公路信息。网站作为服务中心的传统服务渠道,以其稳定、全面的特点,为公众提供了丰富的信息资源。公众只需登录服务中心的官方网站,就能轻松查询到路况信息、进行路线规划,甚至在线申请紧急救援服务。随着移动互联网的普及,App 成为服务中心服务公众的新阵地。服务中心推出的 App 不仅具有网站的所有功能,还更加便捷、易用。公众只需下载并安装 App,就能随时随地通过手机获取到最新的高速公路信息,享受更加个性化的出行服务。此外,电话服务是服务中心为公众提供的又一种重要服务方式。无论是遇到紧急情况需要救援,还是对路况信息有疑问需要咨询,公众都可以通过拨打服务中心的客服电话的方式得到及时、专业的帮助。

3. 紧急救援是守护公众出行的安全底线

在高速公路上行驶,安全永远是第一位的。服务中心特别设置了紧急救援服务,为公众在紧急情况下提供及时、有效的帮助。当公众在高速公路上遇到交通事故、车辆故障或其他紧急情况时,只需通过服务中心提供的渠道,如 App、电话等,发出救援请求。服务中心会立即启动紧急救援程序,根据公众提供的位置信息和紧急情况类型,迅速联系附近的救援力量,如交警、救护车、维修队等,前往现场进行救援。而服务中心的紧急救援服务不仅为公众提供了安全保障,还体现了高速公路智慧化管理的人文关怀。通过这一服务,服务中心让公众在享受便捷出行服务的同时,也能感受到来自管理部门的温暖与关怀。

(四)收费管理中心

1. 收费管理中心是高速公路智慧化管理的核心枢纽

在高速公路智慧化管理的组织架构中,作为高速公路收费管理的核心枢纽，它承担着确保收费工作高效、准确进行的重要职责。通过 ETC 门架系统、收费站等先进设施，收费管理中心实现了高速公路的自动收费，极大地提高了收费效率和通行速度。而 ETC 门架系统作为自动收费的关键技术，通过车载设备与门架上的 RFID 设备进行无线通信，实现了车辆在不减速的情况下快速通过收费站。这种收费方式不仅减少了人工收费的烦琐和延误，还大大降低了逃费行为的发生。同时，收费站还配备了智能化的收费设备和监控系统，对过往车辆进行精准识别和收费，确保了收费的公正性和准确性。收费管理中心不仅负责收费设施的管理和维护，还利用大数据技术对收费数据进行深入分析。通过对海量收费数据的挖掘和整理，管理中心能够及时发现并处理异常收费情况，有效防止逃费行为的发生。此外，大数据分析还为管理中心提供了收费政策的制定和调整依据，使其能够更好地适应高速公路的发展需求和交通流量的变化。

2. 大数据赋能收费管理中心提升管理效能

在高速公路智慧化管理的背景下，大数据技术的应用为收费管理中心带来了前所未有的机遇。通过对收费数据的全面采集和深入分析，管理中心能够实时掌握高速公路的交通流量、车辆类型、收费情况等关键信息，为决策提供有力的数据支持。大数据技术的应用不仅提高了收费管理的精细化水平，还助力管理中心发现潜在的收费漏洞和逃费行为。通过对收费数据的实时监测和比对，管理中心能够迅速锁定异常收费车辆，并采取相应的处理措施，有效遏制了逃费现象的发生。同时，大数据分析还为管理中心提供了收费政策的优化建议，使其能够更好地平衡收费效率与公平性，提升了高速公路的整体运营效益。此外，大数据技术的应用还为收费管理中心带来了更高效的管理方式。通过对历史数据的分析和预测，管理中心能够提前制订收费计划，合理安排收费人员和设备，确保了收费工作的有序进行。在大数据的赋能下，收费管理中心正逐步迈向智能化、高效化的管理新时代，为高速公路的智慧化发展贡献着重要力量。

四、技术支持层

(一)技术研发部门

1. 技术研发部门是智慧化系统的创新引擎

在高速公路智慧化管理的组织架构中,技术研发部门作为智慧化系统的创新引擎,它承担着新技术的应用研究、系统功能的开发和完善等核心任务。技术研发部门的工作,直接关系到高速公路智慧化管理的水平和效率,是推动整个智慧化进程的关键力量。部门成员由一群具备深厚技术功底和前瞻视野的专家组成,他们紧跟科技发展的步伐,不断探索新技术在高速公路管理中的应用潜力。无论是物联网、大数据、人工智能还是云计算,技术研发部门都能迅速将其融入智慧化系统中,为高速公路的管理和运营带来前所未有的变革。

2. 新技术应用研究引领智慧化新潮流

技术研发部门在新技术应用研究方面,始终保持着敏锐的洞察力和创新精神。它不仅关注国内外最新的技术动态,还积极与科研机构、高校等展开合作,共同探索新技术在高速公路智慧化管理中的实际应用。通过深入研究和实验,技术研发部门成功将多项前沿技术应用到智慧化系统中,如车路协同、智能监控、自动收费等。这些技术的应用,不仅提高了高速公路的通行效率和安全性,还极大地提升了管理水平和用户体验,引领了智慧化管理的新潮流。

3. 系统功能开发完善打造智慧化管理新标杆

一个优秀的智慧化系统,不仅要有先进的技术支撑,还要有完善的功能设计。因此,技术研发部门在系统功能开发上投入了大量精力,不断对系统进行优化和升级。从用户需求的调研到功能设计的制定,再到系统的开发和测试,技术研发部门都严格把关,确保每一个功能都能满足实际需求,提升管理效率。在它的努力下,高速公路智慧化系统的功能不断完善,管理效率不断提升,为打造智慧化管理新标杆奠定了坚实基础。

（二）系统集成部门

1. 系统集成部门是智慧化管理的"黏合剂"

在高速公路智慧化管理的庞大组织架构中，系统集成部门犹如一剂强效的黏合剂，将各个分散的子系统紧密地联结在一起，共同构建起一个高效、协同的智慧化管理体系。这个部门的核心职责，就是负责智慧化系统的集成和调试工作，确保每一个子系统都能在整体框架内无缝对接，协同工作，从而实现整体系统的最优化运行。系统集成部门的工作，既需要深厚的技术功底，又需要全面的系统视野。其设计人员要对每一个子系统的技术特点、功能需求了如指掌，才能在设计整体系统时，做到既兼顾各个子系统的独立性，又实现它们之间的互联互通。在集成过程中，系统集成部门还要负责解决可能出现的各种技术难题和兼容性问题，确保整个系统的稳定性和可靠性。通过系统集成部门的努力，高速公路智慧化管理系统的各个子系统得以形成一个有机整体，共同为提升管理效率、优化服务质量、保障行车安全贡献力量。这种高度集成化的管理方式，不仅提高了系统的运行效率，还降低了管理成本，为高速公路的智慧化发展奠定了坚实基础。

2. 无缝连接与协同工作是系统集成部门的使命与担当

在高速公路智慧化管理的实践中，系统集成部门肩负着实现各个子系统无缝连接和协同工作的重要使命，深知只有当各个子系统能够顺畅地交换信息、协同作业，整个智慧化管理系统才能发挥出最大的效能。为了实现这一目标，系统集成部门在系统设计之初，就注重构建开放、兼容的系统架构，为各个子系统的接入和整合提供便利。在集成过程中，设计人员更是精益求精，对每一个接口、每一条数据线都进行严格的测试，确保信息的准确传输和系统的稳定运行。在系统集成部门的努力下，高速公路智慧化管理系统实现了真正的"一体化"管理。各个子系统之间能够实时共享数据、协同处理任务，大大提高了管理效率和响应速度。这种无缝连接和协同工作的模式，不仅提升了高速公路的运营水平，还为司乘人员提供了更加便捷、安全的服务体验。系统集成部门以其专业精神和使命担当，为高速公路的智慧化管理贡献了不可或缺的力量。

第二节 运营管理的智能化升级策略与实施

一、高速公路运营管理的智能化升级策略

(一)智慧扩容与协同管控

1. 智慧扩容是提升高速公路通行效率的关键

在高速公路运营管理的智能化升级进程中,智慧扩容技术扮演着至关重要的角色。这一技术的核心在于通过精准的数据分析与预测,对收费站、ETC系统、预收费区域等高速公路上的关键节点进行智能化改造和扩容。智慧扩容不仅意味着物理设施的增设或升级,更意味着利用先进的算法和模型,动态调整车道分配、优化收费流程,从而在最繁忙的时段也能确保车辆快速、有序地通过。以收费站为例,通过引入AI图像识别技术,可以实现车辆类型的自动识别与分类收费,大大缩短了车辆停留时间。同时,结合大数据分析,预测高峰时段的车流量,提前开启或关闭特定车道,有效缓解拥堵。ETC系统的智慧化升级进一步提升了通行效率。它通过与车牌识别、移动支付等技术的融合,实现了无感支付,让车辆"秒过"收费站成为可能。此外,智慧扩容还体现在对高速公路主线通行能力的灵活调整上。在交通高峰或突发事故导致拥堵时,通过智能监控系统实时监测路况,迅速决策是否临时开放应急车道,为救援车辆和急于通行的车辆提供额外通道。这种动态调整不仅提高了道路的通行效率,还增强了高速公路的应急响应能力。

2. 协同管控构建高效路网服务体系

智慧扩容只是高速公路智能化升级的一部分,要实现真正的智能化管理,还需将点(关键节点)、线(主线通行)、面(路网服务)三者协同融合,形成一体化的管控体系。这要求高速公路管理部门打破传统壁垒,整合跨行业、跨专业的数据资源,如气象信息、交通流量、车辆类型、路况变化等,通过云计算、大数据等技术手段进行深度挖掘和分析。协同管控的核心在于预测性和阻断性服务的提供。通过对海量数据的实时处理,系统能够预测未来一段时间内的路

况变化,如拥堵点、事故风险区域等,并通过手机 App、路边显示屏等多种渠道提前告知司乘人员,引导其合理规划路线,避免拥堵。同时,当发生交通事故或突发状况时,系统能迅速响应,自动调整信号灯控制策略,启动应急响应机制,及时发布阻断信息,引导车辆绕行,最大限度地减少事故对路网运行的影响。此外,协同管控还强调服务的个性化和智能化。通过分析司乘人员的出行习惯、偏好等信息,系统能够提供定制化的出行建议,如最优路线规划、沿途服务设施推荐等,极大地提升了出行体验。这种以用户为中心的服务理念,是高速公路运营管理智能化升级的重要标志,也是未来智慧交通发展的重要方向。

(二)车路云一体化与车路协同

1. 车路云一体化是高速公路智能化升级的新方向

车路云一体化作为高速公路运营管理智能化升级的重要组成部分,正逐步引领着交通行业的变革。这一理念强调车辆、道路设施与云端平台的智能互联,通过深度融合先进的信息技术、通信技术与交通工程技术,构建起一个高效、协同的交通生态系统。在车路云一体化的框架下,车辆能够实时感知周围道路环境,与道路基础设施进行无缝通信,而云端平台作为数据处理与分析的中心,为车辆提供精准的路况预测、路线规划等服务。这种全方位的智能互联,不仅提升了高速公路的通行效率,还增强了道路行驶的安全性,为居民提供了更加便捷、舒适的出行体验。

2. 车路协同技术是提升道路通行效率与安全性的关键

车路协同技术是实现车路云一体化的核心支撑。它通过车辆与道路设施之间的实时信息交换,实现了交通流的智能调控与优化。其中,车辆编队行驶是车路协同技术的一大亮点,它利用先进的无线通信技术和车辆控制系统,使多辆汽车能够紧密跟随,保持安全距离和统一车速,从而有效减少车辆间的空隙,提高道路空间的利用率。此外,绿波车速引导也是车路协同技术的另一重要应用,它根据当前路况和信号灯状态,为车辆提供最优的行驶速度建议,使车辆能够在最少停车的情况下通过路口,显著提升道路通行效率。车路协同技术的广泛应用,不仅让高速公路变得更加智能,也让居民的出行更加顺畅、安全。

3. 智能车联网是推动车路协同精细化发展的新引擎

智能车联网作为车路云一体化体系中的关键一环,正以其强大的数据处理与分析能力,推动着车路协同技术的精细化发展。通过车联网平台,车辆与道路设施之间能够实现更加精准、实时的信息交互,为车辆提供更加个性化的服务。例如,车联网可以根据车辆的行驶轨迹和习惯,为驾驶员提供定制化的路况预警、交通管制信息,以及最优的行驶路线建议。同时,车联网还能够与智能交通管理系统紧密配合,实现交通信号的智能调控,进一步优化道路通行效率。此外,智能车联网还为自动驾驶技术的发展提供了有力支撑,通过实时感知周围环境、预测其他车辆行为,为自动驾驶车辆提供安全、可靠的行驶保障。随着智能车联网的不断完善与升级,车路协同技术将迈向更加精细化、智能化的新阶段,为高速公路运营管理的智能化升级注入新的活力。

(三)养护作业智能化与资产管理

1. 养护作业智能化开启高速公路运维新篇章

在高速公路运营管理的智能化升级浪潮中,养护作业的智能化转型成为提升运维效率与智慧化水平的关键一环。借助人工智能、数据大模型等前沿技术,高速公路的养护模式正经历着前所未有的变革。自动巡检系统的引入,使得养护人员能够摆脱传统的人工巡查方式,通过无人机、智能机器人等高科技设备,对高速公路进行全方位、无死角的实时监测。这些智能设备不仅能够快速发现路面裂缝、坑洼等病害,还能通过内置的高精度传感器,对桥梁、隧道等关键结构物进行健康监测,及时发现潜在的安全隐患。而病害自动识别技术的运用,则是养护作业智能化的又一重要突破。依托深度学习算法与大数据模型,系统能够自动分析巡检数据,精准识别各种病害类型及其严重程度,为养护决策提供科学依据。这不仅大幅提高了病害识别的准确率,还极大地缩短了病害处理的时间周期,确保了高速公路设施的快速修复与良好状态。在此基础上,全生命周期数字孪生管理的实施,为高速公路养护作业带来了更为深远的变革。通过构建高速公路的数字孪生模型,运维人员能够在虚拟环境中模拟养护作业过程,预测养护效果,从而制订更加科学合理的养护计划。

这种基于数字孪生的养护管理模式,不仅提高了养护作业的效率与质量,还实现了养护成本的有效控制,为高速公路的可持续发展奠定了坚实基础。

2. 公路资产数智化管理是提升养护智慧化的新路径

在智能化升级的背景下,公路资产数智化管理成为提升养护智慧化水平的新路径。通过整合物联网、大数据、云计算等先进技术,构建公路资产数智化管理平台,实现对公路资产的全面、实时、精准管理。该平台能够实时采集公路资产的基础信息、运行状态及维修历史等数据,形成完整的资产档案。借助大数据分析技术,平台能够对资产数据进行深度挖掘与智能分析,预测资产故障趋势,提前制订维修计划,避免资产因发生故障而影响高速公路的正常运营。同时,平台还能够根据资产的重要性及维修成本,优化维修资源配置,实现维修成本的最小化。此外,公路资产数智化管理平台还能够与养护作业智能化系统无缝对接,实现养护作业与资产管理的协同联动。通过实时共享资产信息与养护数据,平台能够智能调度养护资源,确保养护作业的高效执行。这种基于数智化管理的养护模式,不仅提高了养护作业的智能化水平,还实现了公路资产的高效利用与保值增值,为高速公路运营管理的智能化升级注入了新的动力。

(四)智能化交通管理系统

在高速公路运营管理的智能化升级浪潮中,智能化交通管理系统无疑成为引领变革的核心力量。这一系统融合了现代信息技术、物联网技术、大数据分析以及人工智能等前沿科技,为高速公路的运营管理带来了前所未有的变革。智能化交通管理系统通过实时采集、处理和分析海量的交通数据,能够精准掌握高速公路的交通状况,包括车流量、车速、路况以及交通事故等关键信息。这些数据为管理者提供了科学的决策依据,使他们能够迅速响应交通变化,有效调度资源,确保高速公路的畅通无阻。更为关键的是,智能化交通管理系统还能够实现交通的智能化调控。通过智能信号控制、车路协同以及交通诱导等手段,系统能够优化交通流,减少交通拥堵和交通事故的发生,提高高速公路的通行效率和安全性。这种智能化的调控方式,不仅提升了高速公路的运营水平,还为司乘人员提供了更加便捷、舒适的出行体验。

（五）定制化方案

1. 个性化服务满足司乘多元需求

在高速公路运营管理的智能化升级浪潮中,个性化服务成为提升用户体验的关键一环。通过集成大数据、云计算与人工智能技术,高速公路管理系统能够精准捕捉并分析司乘人员的出行习惯、偏好及实时需求。基于此,系统能够提供诸如实时路况导航服务,根据当前交通状况为驾驶员规划最优行驶路线,有效避开拥堵路段,确保旅途顺畅。同时,智能停车诱导系统通过分析停车场空位信息,为驾驶员指引最近的停车位,解决停车难问题,进一步提升出行便利性。个性化服务还体现在对特殊需求的响应上。例如,针对电动车用户,系统能结合车辆续航里程与沿途充电站分布,智能推荐充电站点,确保电动车长途出行无忧。对于经常往返于固定路线的用户,系统可根据其出行模式,自动推送定制化路况提醒与出行建议,让服务更加贴心、高效。

2. 定制化路段管理精准施策提升效率

智能化升级过程中,针对特定路段制定定制化解决方案显得尤为重要。例如,在山区或雾区等视线不佳的路段,部署智能雾灯、路面温度监测系统等设备,实时监测并预警潜在危险,提高行车安全。在交通流量大的城市周边路段,通过智能信号控制系统优化车流分配,减少拥堵,提升通行效率。定制化路段管理还意味着对突发事件的快速响应与精准处置。系统能够自动识别交通事故、道路施工等异常情况,迅速启动应急预案,调整交通信号、发布绕行提示,有效缩短事件处理时间,减轻对路网运行的影响。这种精细化管理不仅提高了高速公路的运营效率,也显著增强了司乘人员的安全感与满意度。

3. 场景化应用创新服务提升体验

高速公路智能化升级不仅局限于传统管理领域,更在于结合新技术、新应用,创造更加多元化的服务场景。例如,利用AR技术开发的导航辅助系统,能在复杂路口或夜间行驶时,为驾驶员提供直观的视觉引导,降低驾驶难度。在服务区,通过智能推荐系统,根据用户偏好推荐餐饮、购物、休息等服务,打造一站式旅行体验。此外,针对长途驾驶员,系统可结合车辆行驶时间与驾驶员状态监测,自动推荐附近休息区,提醒驾驶员适时休息,预防疲劳驾驶。在节假日或特殊活动期间,系统还能推出主题路线规划,融合沿线文化、旅游景点,为司乘人员提供更加丰富、有趣的出行选择。这些场景化应用不仅丰富了高速公路的服务内涵,也极大地提升了用户的出行体验,展现了智能化升级带来的无限可能。

(六)加强专业人才建设

1. 培养数字素养,奠定智能化管理基础

随着高速公路运营管理的智能化升级加速推进,对管理人员的数字素养提出了更高要求。数字素养不仅包括对数字技术的理解与掌握,更在于运用数字技术解决实际问题的能力。为此,需加大对高速公路运营管理人员的数字素养培养力度,通过系统化的培训课程,使他们熟悉大数据、云计算、人工智能等前沿技术的基本概念与应用场景。培训课程应注重理论与实践相结合,既讲解技术原理,又演示如何在日常管理中应用这些技术,如通过数据分析优化路况监控、利用智能算法预测交通流量等。通过培训,管理人员将具备更强的数据敏感性和分析能力,为智能化管理奠定坚实基础。

2. 强化技能实操,提升系统操作与维护能力

智能化系统的熟练操作与维护是高速公路运营管理人员必备的技能之一。为实现这一目标,应组织定期的专业技术培训,重点围绕智能化系统的功能模块、操作流程、故障排查与解决等方面展开。通过模拟实操、案例分析等方式,让管理人员在真实或模拟环境中反复练习,直至熟练掌握。同时,鼓励管理人员参与系统的日常运维工作,如系统升级、数据备份、安全防护等,通过实战积累经验,提升应对突发状况的能力。此外,建立技术交流平台,促进管理人员之间的经验分享与问题讨论,形成互帮互助的良好氛围,共同提升技能水平。

3. 深化管理知识,构建信息化智能化管理体系

在掌握数字素养与实操技能的基础上,高速公路运营管理人员还需深化对信息化智能化管理体系的理解与构建能力。这包括学习如何整合各类智能化系统,实现数据互通与流程协同;如何运用管理科学理论,优化智能化管理流程,提高管理效率;如何结合高速公路运营的实际需求,创新智能化应用场景,提升服务品质。为此,可邀请行业专家、学者开展专题讲座,分享最新管理理念与成功案例;组织管理人员参与行业交流会议,拓宽视野,汲取先进经验。同时,鼓励管理人员结合工作实践,开展管理创新研究,将研究成果转化为实际应用,不断推动高速公路运营管理的智能化升级向更高层次发展。

二、高速公路运营管理的智能化升级实施

(一)技术标准与规范的制定

1. 统一技术标准与规范是智能化升级的基石

在高速公路运营管理的智能化升级过程中,制定统一的技术标准和规范显得尤为重要。这不仅是确保不同厂商和地区的智能化系统能够互联互通、协同工作的基础,更是推动整个行业健康、有序发展的关键。而智能化系统的复杂性和多样性,使得在没有统一标准的情况下,各个系统之间很难实现有效的信息交换和共享。这不仅会导致资源的浪费,还会降低系统的整体效率和可靠性。因此,制定统一的技术标准和规范,成为智能化升级过程中不可或缺的一环。通过制定统一的技术标准和规范,可以明确智能化系统的设计要求、功能指标、接口协议等关键要素,确保各个系统在设计、开发、实施和维护过程中都能遵循相同的准则。这不仅有利于降低系统的集成难度和成本,还能提高系统的兼容性和可扩展性,为未来的升级和扩展奠定坚实基础。同时,统一的技术标准和规范还有助于加强对智能化系统的安全性和可靠性的监管和评估。在标准的框架下,可以对系统的安全性、稳定性、可靠性等进行量化评估,及时发现并处理潜在的安全隐患,确保智能化系统能够稳定、可靠地运行。

2. 强化监管与评估确保智能化系统的安全可靠

在高速公路运营管理的智能化升级过程中,加强对智能化系统的安全性和可靠性的监管和评估,是保障整个系统稳定运行、防范风险的重要措施。智能化系统作为高速公路运营管理的核心支撑,其安全性和可靠性直接关系到高速公路的通行效率和行车安全。因此,必须建立健全的监管机制,对智能化

系统的设计、开发、实施和维护全过程进行严格监督和管理。通过定期的评估和检查，可以及时发现智能化系统中存在的安全隐患和薄弱环节，并采取相应的措施进行整改和优化。同时，还可以对系统的性能进行量化评估，确保系统能够满足实际运营的需要，为高速公路的畅通无阻提供有力保障。此外，强化监管与评估还有助于推动智能化系统的持续改进和优化。在评估过程中，可以收集用户反馈和意见，了解系统的实际使用效果，为系统的升级和改进提供有价值的参考。这种持续改进的机制，不仅能够提升智能化系统的性能，还能增强系统的适应性和可扩展性，为高速公路运营管理的智能化升级注入源源不断的动力。

（二）分阶段实施与逐步推进

1. 分阶段实施精准施策，确保关键节点先行

在高速公路运营管理智能化升级中，分阶段实施策略显得尤为重要。这一策略的核心在于，根据高速公路的实际运营状况与智能化升级的迫切需求，科学规划升级路径，确保每一步都走得稳健而有力。首先，针对高速公路网络中的关键节点和主线，如大型互通立交、高频次拥堵路段以及事故多发区域，应作为智能化升级的首要目标。通过部署先进的交通监控系统、智能信号控制以及应急响应机制，有效提升这些关键节点的通行能力和安全水平，从而缓解交通压力，降低事故风险。而在实施过程中，需充分利用现有技术资源，如大数据、云计算和人工智能等，对关键节点的交通流进行实时分析与预测，为管理者提供科学的决策支持。同时，通过优化交通标志标线、增设智能引导系统等措施，进一步提升驾驶员的行车体验和道路使用效率。这一阶段的工作，不仅是对高速公路智能化升级的一次初步探索，更是为后续全面升级积累宝贵经验，奠定坚实基础。

2. 逐步推进全面提升，构建智慧路网新生态

在关键节点和主线智能化升级取得显著成效后，高速公路运营管理智能化升级的第二步便是逐步推进整个路网服务水平的提升。这一阶段的重点，在于将智能化技术广泛应用于高速公路的各个角落，实现从单一节点到全网覆盖的飞跃。通过构建全面的智能交通管理系统，整合路况监测、车辆追踪、

事故处理、收费管理等多个环节，形成高效协同的智慧路网生态。在逐步推进的过程中，应注重技术的创新与融合，不断探索新技术在高速公路管理中的应用场景。例如，利用物联网技术实现道路设施的远程监控与维护，通过 5G 通信提升数据传输速度与可靠性，以及运用区块链技术保障交通数据的安全与透明。同时，还应加强与驾驶员的互动，通过智能导航、路况推送等服务，提升驾驶员的出行体验，增强其对高速公路智能化升级的认同感与满意度。此外，逐步推进还意味着要持续优化升级策略，根据实施效果与反馈，灵活调整升级计划与技术路线。通过建立健全的评估机制，定期对智能化升级项目的成效进行评估，及时发现并解决存在的问题，确保整个路网智能化升级工作的顺利推进，从而构建起一个安全、高效、便捷、绿色的智慧高速公路网络，为经济社会发展提供强有力的交通支撑。

（三）加强与科研机构和企业的合作

1. 产学研联动加速智能化技术的突破

在高速公路运营管理的智能化升级道路上，与科研机构、高校的深度合作成为推动技术创新的关键引擎。通过建立紧密的产学研联动机制，双方能够充分发挥各自优势，共同探索智能化升级的前沿技术与解决方案。科研机构与高校拥有深厚的科研实力和丰富的学术资源，能够针对高速公路运营管理的实际需求，开展基础理论研究和关键技术攻关。比如，在智能交通系统、大数据分析、人工智能算法等领域，科研机构可以提供最新的研究成果和技术支持，帮助高速公路管理部门解决管理中的痛点与难点。同时，高速公路管理部门作为实际应用方，能够提供真实的应用场景和海量数据，为科研机构的实验验证和算法优化提供宝贵资源。这种双向互动不仅加速了智能化技术的突破与成熟，也促进了科研成果的快速转化与应用。通过产学研联动，双方可以共同申请科研项目，开展联合研发，推动高速公路智能化升级的技术体系不断完善，为高速公路运营管理的高质量发展提供坚实的技术支撑。

2. 企业合作共赢推动智能化升级落地实施

除了与科研机构、高校的紧密合作外，高速公路运营管理部门还需积极寻求与企业的合作，特别是那些在智能化、信息化领域具有领先技术和丰富经验的企业。企业合作不仅能够为高速公路智能化升级提供必要的资金支持和成熟的技术解决方案,还能够通过市场化运作机制,推动智能化技术的快速迭代与优化。例如,通过与智能交通系统提供商合作,可以引入先进的交通监控与管理系统,提升路况监测与应急响应能力;与大数据服务商合作,可以实现对海量交通数据的深度挖掘与分析,为管理决策提供更加精准的依据。此外,企业合作还能够促进高速公路运营管理模式的创新。企业通常拥有敏锐的市场洞察力和灵活的运营机制,能够结合用户需求和市场趋势,开发出更加贴近实际、易于推广的智能化服务。通过与企业的合作,高速公路管理部门可以借鉴其市场运营经验,探索智能化服务的新模式、新业态,如智慧停车、智能收费、个性化出行服务等,从而不断提升服务质量和用户满意度。最终,通过产学研用全方位的深度合作,形成政府引导、科研机构支撑、企业参与的协同发展格局,共同推动高速公路运营管理的智能化升级迈向新高度。

(四)持续优化与迭代升级

在高速公路运营管理的智能化升级过程中,迭代升级是不断提升用户体验的关键举措。智能化系统作为与用户直接交互的平台,其用户体验的好坏直接影响到用户对高速公路的整体评价。因此,必须积极收集用户反馈意见,不断改进和完善系统功能,以满足用户日益增长的需求。迭代升级的过程是一个不断循环、持续改进的过程。每一次迭代都意味着对系统功能和用户体验的一次全面提升。通过收集用户反馈意见,可以了解用户在使用过程中的痛点和需求,为系统的改进提供有针对性的方向。在迭代升级过程中,需要注重系统的可扩展性和灵活性。随着用户需求的不断变化和技术的不断发展,智能化系统必须具备快速响应和适应变化的能力。通过构建模块化的系统架构和采用先进的技术手段,可以实现系统的灵活扩展和快速迭代,确保系统始终保持在行业前沿。同时,迭代升级还需要注重与用户的沟通和互动。通过定期的用户调研和体验活动,可以更加深入地了解用户的需求和期望,为系统的改进提供更贴近用户实际的建议。这种以用户为中心的设计理念,不仅有助于提升用户体验,还能增强用户对高速公路智能化升级的认可度和满意度。

第三节 维护管理的智慧化转型路径与模式

一、高速公路维护管理的智慧化转型路径

(一)先进技术与智能化设备驱动

1. 前沿技术应用

在高速公路维护管理的智慧化转型进程中,前沿技术的融合应用成为推动行业变革的核心动力。物联网技术的引入,使得高速公路上的各类设施能够互联互通,形成一个庞大的感知网络。通过部署各类传感器,实时采集路面状况、桥梁健康、交通流量等关键数据,为维护管理提供了精准的信息。区块链技术的加入,进一步增强了数据的安全性与可信度,确保了维护管理过程中的数据完整性和不可篡改性,为决策支持提供了坚实的数据保障。而5G通信技术的快速发展,为高速公路维护管理带来了前所未有的传输速度,使得海量数据的实时传输成为可能。结合云计算和边缘计算技术,实现了数据的快速处理与分析,显著提升了维护管理的响应速度和决策效能。其中,人工智能技术的广泛应用,更是让高速公路维护管理迈入了智能化的新阶段。通过机器学习、深度学习等算法,对收集到的数据进行深度挖掘和智能分析,能够预测设施病害趋势,提前制订维护计划,有效避免因设施老化或突发故障导致的交通中断,保障高速公路的安全畅通。

2. 智能设备升级打造高速公路智慧运维新生态

智能设备的升级换代,是高速公路维护管理智慧化转型的重要支撑。高清摄像头、毫米波雷达、激光雷达等智能感知设备的广泛应用,极大地提升了高速公路设施的感知能力。这些设备能够全天候、全方位地监测路面状况、车辆行驶轨迹,以及周边环境的变化,为维护管理提供了丰富的实时数据。V2X(车联万物)设备的部署,更是实现了车辆与基础设施之间的智能交互,为自动驾驶和智能交通系统的构建奠定了基础。而智能收费站、电子显示屏等智能交互设备的引入,不仅提升了高速公路的服务水平,也极大地提高了管理效

率。智能收费站通过车牌识别、无感支付等技术,实现了车辆的快速通行,减少了收费站口的拥堵现象。电子显示屏能够实时发布路况信息、天气预警等,为驾驶员提供及时有效的出行指导。此外,无人机巡检、无人清扫车等智能运维设备的应用,更是将高速公路维护管理推向了全新的高度。无人机能够高效地完成桥梁检测、路面巡查等任务,无人清扫车则能够自动清扫路面垃圾,保持高速公路的整洁美观。这些智能设备的升级换代,共同构建了一个高效、智能、安全的高速公路运维新生态。

(二)数据资源挖掘

1. 奠定数据基石,构建全面实时的大数据平台

在高速公路维护管理智慧化转型的征途中,数据是不可或缺的基石。为了实现对公路设施的精准管理与高效运维,构建一个全面、实时、准确的高速公路大数据平台显得尤为重要。这一平台不仅要能够实时采集来自路面、桥梁、隧道等各类基础设施的监测数据,还要能够整合气象、交通流量、车辆类型、驾驶行为等多源信息,形成涵盖高速公路全生命周期的全方位数据集合。通过高效的数据传输技术和强大的数据存储能力,确保数据的实时性与完整性,为后续的数据分析与决策奠定坚实基础。大数据平台的建立,为高速公路维护管理提供了前所未有的数据支撑,使得管理者能够基于实时数据做出更加精准的判断与决策,从而有效提升管理效率与服务质量。

2. 整合与共享跨行业、跨专业数据资源

高速公路作为现代交通体系的重要组成部分,其维护管理涉及多个行业与专业领域。在智慧化转型过程中,打破数据壁垒,实现跨行业、跨专业数据资源的整合与共享,是提升管理效能的关键一步。通过构建统一的数据交换标准与接口,将交通、气象、环保、地质等多部门的数据资源进行有效整合,形成多维度、多层次的数据网络。这种跨界整合不仅丰富了数据资源,还促进了不同领域知识与技术的交叉应用,为高速公路的养护规划、运行调度、应急处置等提供了更加全面、深入的数据支持。在此基础上,管理者能够更加准确地把握高速公路的运行状态与潜在风险,及时采取针对性措施,确保道路的安全畅通。

3. 智慧决策深度挖掘数据价值，驱动管理升级

数据的价值在于应用，而深度挖掘数据价值则是实现高速公路维护管理智慧化转型的核心。通过对大数据平台中的海量数据进行清洗、整理、分析，可以揭示出交通流量的时空分布规律、车辆行驶特性的变化趋势、基础设施的老化速度等关键信息。这些信息对于制订科学合理的养护计划、优化资源配置、提升应急处置能力具有至关重要的作用。同时，结合机器学习、人工智能等先进技术，可以实现对数据的智能分析与预测，为管理者提供前瞻性的决策建议。这种数据驱动的智慧决策模式，不仅提高了决策的科学性与准确性，还大大缩短了决策周期，使得高速公路维护管理能够更加迅速、灵活地应对各种复杂情况，为公众提供更加安全、高效、便捷的出行服务。

（三）智慧养护平台构建

1. BIM 与 GIS 融合构建高速公路数字孪生体

在高速公路维护管理的智慧化转型中，BIM（建筑信息模型）与 GIS（地理信息系统）的融合应用成为构建智慧养护平台的关键。BIM 技术以其三维可视化的特点，为高速公路设施提供了精细化的数字模型，涵盖了从设计、施工到运维的全生命周期信息。而 GIS 技术则擅长于空间数据的处理与分析，能够将高速公路与其周边环境紧密关联，形成宏观与微观相结合的综合管理视图。两者深度融合，构建出高速公路的数字孪生体，实现了对设施状态的实时感知与精准定位。这一数字孪生体不仅为养护管理提供了直观、全面的信息展示，更为后续的养护决策提供了科学依据，推动了高速公路维护管理向精细化、智能化方向发展。

2. 大数据与 AI 赋能提升养护决策智能化水平

大数据与人工智能技术的引入，为高速公路智慧养护平台注入了强大的智能基因。通过整合来自 BIM、GIS、物联网等多源数据，构建高速公路大数据中心，实现对海量数据的存储、处理与分析。在此基础上，利用机器学习、深度学习等 AI 算法，对设施病害、交通流量、天气变化等数据进行深度挖掘，预测设施的未来状态，提前发现潜在风险。这种基于大数据与 AI 技术的养护决策支持,能够显著提高养护作业的针对性和效率,减少因设施故障导致的交通中断,保障高速公路的安全畅通。同时,AI技术还能够辅助制定个性化的养护方案,根据设施的实际状况和需求,提供最优的养护策略,实现养护资源的合理配置。

3. 智慧养护应用的落地推动了养护作业自动化升级

智慧养护平台的构建,最终要落实到具体的应用中,推动养护作业的自动化、智能化升级。在线巡检应用通过无人机、智能巡检车等设备,实现对高速公路设施的远程、实时巡查,大大提高了巡检的效率和覆盖范围。设施监测应用利用传感器、物联网等技术,对桥梁、隧道、路面等关键设施进行实时监测,及时发现并预警设施病害,为养护决策提供及时、准确的信息。防灾应急应用则整合了气象、地质等多部门的数据,构建了完善的应急响应机制,能够在灾害发生时迅速启动应急预案,调动应急资源,有效减少灾害对高速公路的影响。这些智慧养护应用的落地实施,不仅提升了养护作业的质量和效率,也显著增强了高速公路的防灾减灾能力。

(四)服务平台构建

1. 智慧服务平台

在高速公路维护管理智慧化转型中,构建集出行服务、物流服务、信息服务、商业服务于一体的智慧高速服务平台,已成为行业发展的必然趋势。这一平台不仅融合了现代科技的力量,更以满足用户个性化、便捷化、舒适化的出行需求为核心,为高速公路的维护管理注入了新的活力。智慧服务平台通过整合各类交通信息,如路况、天气、交通管制等,为用户提供实时、准确的出行指南,帮助用户规划最佳行驶路线,有效避免交通拥堵和延误。同时,平台还融合了物流服务功能,支持货物追踪、物流信息查询等,为物流行业提供了更加高效、透明的服务体验。在信息服务方面,智慧服务平台汇聚了丰富的交通资讯和周边服务信息,如加油站、充电站、停车场、餐饮娱乐等,让用户能够轻松获取所需信息,提升出行便捷性。此外,平台还结合商业服务,如在线支付、电子发票、优惠活动等,为用户提供更加便捷、舒适的消费体验。智慧服务平台的构建,不仅提升了高速公路的服务质量和效率,更推动了高速公路维护管理模式的创新。通过平台的数据分析和挖掘,管理者能够更准确地掌握交通状况和需求变化,为决策提供更加科学、精准的依据。同时,平台还促进了用户与高速公路之间的互动和沟通,增强了用户对高速公路的信任和依赖。

2. 多方协作是共筑高速公路智慧化转型的基石

高速公路维护管理智慧化转型是一项复杂而庞大的系统工程,需要各方主体的共同参与和协作。在这个过程中,地方政府部门、企业、高校、研究机构、用户等多方主体发挥着举足轻重的作用,他们之间的优势互补、资源共享、风险共担,为智慧高速的研发、建设和运营提供了坚实的基础。地方政府部门作为政策制定者和监管者,为智慧高速的建设提供了政策支持和法律保障。他们通过出台相关政策、规划布局、资金投入等方式,引导和支持智慧高速的发展。同时,地方政府部门还负责协调各方资源,推动跨部门、跨地区的合作与交流,为智慧高速的建设创造有利的外部环境。而企业和高校、研究机构则是智慧高速技术研发与创新的主体。他们凭借深厚的技术积累和研发实力,不断探索新技术在高速公路维护管理中的应用,推动智慧高速的技术进步和产业升级。同时,他们还与地方政府部门和用户保持紧密合作,将研发成果转化为实际应用,为智慧高速的建设提供有力的技术支撑。其中,用户作为智慧高速的最终受益者,也是推动智慧高速发展的重要力量。他们通过反馈使用体验和需求变化,为智慧高速的改进和优化提供了宝贵的意见和建议。同时,用户还积极参与智慧高速的建设和运营过程,如通过移动支付、电子发票等方式支持智慧高速的商业服务,为智慧高速的可持续发展注入了新的动力。

(五)试点示范与全国推广

1. 试点示范

在高速公路维护管理智慧化转型的宏伟蓝图中,试点示范不仅是理论与实践相结合的桥梁,更是验证新技术、新模式可行性的关键步骤。选择具备条件的地区作为智慧高速的试点,意味着这些地区在基础设施、技术支撑、资金保障、政策支持等方面具有一定的优势,能够为智慧高速的建设提供坚实的保障。通过试点示范,可以深入探索智慧高速在勘察设计、建设实施、养护运营等各个环节的最佳实践,形成一套可复制、可推广的经验模式。这包括但不限于智能感知设备的部署策略、大数据平台的构建方法、智慧服务平台的运营模式等。试点示范的成功,不仅能够为其他地区提供宝贵的借鉴经验,还能够激发更多地区参与智慧高速建设的积极性,形成良性互动的发展态势。更重要的是,试点示范过程中的问题与挑战,也将为后续的政策制定与技术研发提供宝贵的反馈,推动智慧高速技术体系的不断完善与优化。

2. 全国推广是构建智慧高速的广袤网络

试点示范的成功,为智慧高速的全国推广奠定了坚实的基础。在全国范围内推广智慧高速建设,是智慧化转型的必然趋势,也是提升我国高速公路整体管理水平与服务质量的关键举措。全国推广并非简单的复制粘贴,而是要根据不同地区的实际情况,因地制宜地制定实施策略。这要求政府、企业、科研机构等多方主体紧密合作,形成协同推进的工作机制。在推广过程中,应注重点面结合、梯次推进,即先以重点区域、重点路段为突破口,逐步向周边地区辐射扩散,形成连片成网的发展格局。同时,要加强政策引导与资金支持,为智慧高速的建设提供有力的保障。此外,还应注重技术创新与人才培养,不断提升智慧高速的技术含量与服务质量。通过全国推广,可以实现对高速公路资源的优化配置与高效利用,提升道路的通行能力与安全水平,为公众提供更加便捷、舒适、绿色的出行体验,从而构建一个覆盖广泛、功能完善、服务优质的智慧高速网络,助力我国交通事业的蓬勃发展。

二、高速公路维护管理的智慧化转型模式

(一)预防性养护模式

1. 高速公路设施实时监控

在高速公路维护管理的预防性养护模式中,随着物联网、大数据、人工智能等现代化技术的飞速发展,高速公路设施的实时监测与预警已成为可能。通过在关键设施部位部署各类传感器,如振动传感器、应力传感器、温度传感器等,能够实时采集设施的运行状态数据,包括桥梁的振动频率、路面的温度分布、隧道的照明与通风状况等。这些数据通过无线网络实时传输至数据中心,经过专业算法的分析处理,能够及时发现设施的异常变化,预警潜在的安

全隐患。实时监控不仅提高了养护管理的响应速度,更在预防安全事故方面发挥了巨大作用。例如,当桥梁振动频率超过安全阈值时,系统会立即发出预警,提醒管理人员进行现场检查,及时采取措施防止桥梁病害的进一步发展。同样,路面的温度监测能够提前发现沥青老化、裂缝等病害,为养护作业提供精准的定位和时间窗口。通过实时监控,高速公路维护管理实现了从被动应对到主动预防的转变,有效保障了高速公路的安全畅通。

2. 个性化养护方案

高速公路设施种类繁多,结构构造复杂,损坏情况也各不相同。因此,在预防性养护模式中,制定个性化的养护方法和方案显得尤为重要。个性化养护方案的核心是根据不同基础设施的类型、结构特点和损坏状况,量身定制养护策略,以提高养护效果,延长设施使用寿命。例如,对于桥梁结构,需要根据其材料类型、设计年限、交通流量等因素,综合评估桥梁的健康状况,制订针对性的养护计划。对于路面养护,则需要根据路面的材料、厚度、使用年限以及交通荷载情况,选择合适的养护措施,如微表处、薄层罩面或重建等。此外,个性化养护方案还应考虑地域特点、气候条件等因素,确保养护措施的科学性和有效性。通过实施个性化养护方案,高速公路维护管理不仅能够提高养护作业的针对性和效率,还能有效减少养护成本,避免不必要的资源浪费。更重要的是,个性化养护方案能够确保设施始终处于良好的运行状态,提升高速公路的整体服务水平和安全性能,为公众提供更加安全、便捷的出行环境。

(二)建设期间的维护管理模式

1. 数字孪生技术

在高速公路的建设与运维过程中,数字孪生技术如同一座桥梁,将物理世界与数字世界紧密相连,为公路设施的全生命周期管理注入了智慧的力量。通过构建高速公路的数字孪生模型,我们可以实现对公路设施的全方位、立体化、动态化的模拟与监控。在勘察设计阶段,数字孪生技术能够辅助工程师进行地形地貌的精准测绘,优化路线设计,减少施工难度与成本;在建设实施阶段,它可以实时监测施工进度与质量控制,及时发现并纠正施工偏差,确保工程按计划顺利进行;在养护运营阶段,数字孪生模型则能够模拟公路设施的老化与磨损过程,预测潜在的安全隐患,为养护决策提供科学依据。这一技术的引入,不仅提高了管理效率,还大大增强了决策的精准度与前瞻性,使得高速公路的管理更加科学化、智能化。数字孪生技术的应用,还促进了信息的共享与协同。通过数字孪生平台,项目参与方可以实时获取公路设施的各项数据,包括结构状态、交通流量、环境参数等,为决策提供支持。同时,平台还可以实现跨部门、跨专业的数据整合与共享,打破信息孤岛,促进各方协同工作,共同推动高速公路的智慧化管理。这种全生命周期的智慧管理闭环,不仅提升了公路设施的安全性与可靠性,还延长了其使用寿命,降低了运维成本,为公众提供了更加安全、便捷的出行环境。

2. 资源配置优化实现养护资源的高效利用

高速公路的养护工作是一项复杂而艰巨的任务,涉及人力、物力、财力等多个方面的资源配置。为了实现养护资源的高效利用,降低养护成本,提高养护效率,我们必须依托实时监测和预测结果,对养护资源进行科学合理的优化配置。通过部署智能感知设备,我们可以实时获取公路设施的各项运行数据,包括路面破损情况、桥梁结构状态、隧道照明与通风状况等。这些数据为养护决策提供了有力的支撑,使得我们能够根据设施的实际状况,制订针对性的养护计划,避免盲目养护与资源浪费。同时,基于大数据与人工智能技术的预测模型,能够预测公路设施的未来发展趋势与潜在风险,为养护资源的预先调配提供依据。例如,通过预测路面破损的扩展速度与范围,我们可以提前安排维修队伍与材料,确保在问题出现之前就能够及时修复,避免问题恶化导致的更大损失。此外,优化资源配置还包括对养护人员的培训与调度、对养护设备的维护与更新等方面。通过科学合理的资源配置,可以实现养护工作的高效协同与精准执行,提升养护效率与质量,为高速公路的长期稳定运行提供有力保障。

(三)绿色低碳发展模式

1. 环保材料与技术

在高速公路维护管理的绿色低碳发展模式中,传统养护往往使用大量对环境有害的材料和技术,不仅加剧了资源浪费,还严重污染了周边环境。因此,推广使用环保材料和技术,成为实现绿色养护的关键路径。环保材料方面,诸如再生沥青、环保型水泥混凝土、生态友好型涂料等,正逐步替代传统材料,成为高速公路养护的新选择。再生沥青通过回收废旧沥青路面材料,经过科学处理后再利用,不仅减少了废弃物的堆积,还节约了大量原材料资源。环保型水泥混凝土则采用低碱、低碳的技术路线,显著降低了生产过程中的能耗和碳排放。生态友好型涂料则以其无毒、无害、可降解的特点,有效保护了周边生态环境。而技术层面,绿色养护技术如温拌沥青技术、冷再生技术、微表处技术等,正在高速公路养护中得到广泛应用。温拌沥青技术通过降低沥青混合料的拌合温度,减少了能源消耗和有害气体的排放。冷再生技术则利用废旧路面材料,在常温下进行再生利用,避免了传统热再生过程中的高能耗和环境污染。微表处技术则以其快速、高效、环保的特点,成为路面轻微病害修复的首选方法。通过推广使用环保材料和技术,高速公路维护管理不仅实现了对环境的友好保护,还提升了养护作业的质量和效率,为绿色交通的发展奠定了坚实基础。

2. 节能减排措施助力养护行业绿色转型

在高速公路维护管理的绿色低碳发展模式中,节能减排措施的落实同样至关重要。面对日益严峻的环境压力和能源危机,养护行业必须采取有效措施,降低车辆燃油消耗和排放,推动行业绿色发展。智能调度系统的应用,为养护车辆的节能减排提供了有力支持。通过实时监测车辆位置、行驶速度、油耗等数据,智能调度系统能够优化车辆行驶路线,减少不必要的行驶距离和空驶时间,从而降低燃油消耗和碳排放。同时,智能调度还能根据车辆类型、任务紧急程度等因素,合理安排车辆调度,提高运输效率,进一步减少能耗。此外,推广使用新能源和清洁能源车辆,也是实现节能减排的重要途径。电动养护车、氢能养护车等新能源车辆,以其零排放、低噪声的特点,正在逐步替代传统燃油车辆,成为高速公路养护的新力量。通过加大新能源车辆的投入和使用,养护行业不仅能够显著降低碳排放,还能提升行业形象,引领绿色交通的发展趋势。

(四)市场化运作养护管理模式

在高速公路智慧化运维管理的探索中,市场化运作养护管理模式正逐渐成为推动行业发展的新引擎。这一模式的核心在于,充分发挥市场在资源配置中的决定性作用,通过引入市场竞争机制,激发各类市场主体的活力与创造力。鼓励社会资本以多种形式投资智慧高速建设,不仅能够有效缓解政府财政压力,还能够为智慧高速的发展注入源源不断的资金动力。社会资本的参与,带来了先进的资金运作理念与管理经验,促进了智慧高速项目的快速落地与高效运营。同时,市场化运作还意味着养护服务的多元化与专业化,各类养护企业可以在公平竞争的环境中,通过提供优质服务来赢得市场份额,从而推动整个养护行业的服务质量与效率不断提升。此外,市场化运作还促进了政府与市场的良性互动,政府可以通过制定相关政策与标准,引导市场健康发展,而市场则能够通过反馈机制,为政府决策提供参考,共同推动高速公路智慧化运维管理模式的不断完善与优化。这一模式的实施,不仅提升了高速公路的运维效率与服务质量,还为智慧交通的未来发展开辟了更加广阔的空间。

第四节　管理体系的智慧化效果评估与持续改进

一、高速公路管理体系的智慧化效果评估

(一)交通通行时间大幅度提升

1. 通行时间优化是智慧交通系统的显著成效

在高速公路管理体系的智慧化效果评估中,通行时间的优化是一个核心指标,它直接反映了智慧交通系统在缓解交通拥堵、提升交通运输效率方面的实际成效。通过引入实时数据分析和动态路线规划等先进技术,智慧交通系统能够精准掌握路况信息,为驾驶员提供最优化的行驶路线,从而有效缩短车辆行驶时间。在传统的高速公路管理模式下,驾驶员往往依赖个人经验和静态的路况信息来规划行程,这往往导致在高峰时段或拥堵路段出现车辆集中、通行效率低下的问题。而智慧交通系统通过集成先进的传感器、摄像头和数据分析算法,能够实时监测道路状况、车流量和车速等关键信息,并基于这些数据生成动态的、最优化的路线规划建议。驾驶员可以根据这些建议调整行

驶路线,避开拥堵路段,选择更为顺畅的通行路线。这种动态路线规划不仅减少了驾驶员的等待时间和行驶成本,还显著提高了道路的使用效率。通过智慧交通系统的引导,车辆能够更加均匀地分布在各个路段上,避免了局部路段的过度拥堵,使得整体交通流更加顺畅。同时,智慧交通系统还能够根据实时路况调整信号灯的控制策略,进一步优化路口的通行效率,从而减少车辆在等待红灯时的停留时间。

2. 交通效率提升是智慧化带来的综合效益

高速公路管理体系的智慧化转型,不仅体现在通行时间的优化上,更在于其带来的交通效率整体提升和综合效益的显著增强。通过智慧交通系统的全面应用,高速公路的交通运输效率得到了显著提升,为经济社会发展提供了有力支撑。智慧交通系统通过实时监测和分析交通流量数据,能够精准掌握高速公路的交通运行状态。这有助于管理者及时发现并解决潜在的交通瓶颈和问题,避免交通拥堵的蔓延和扩大。同时,智慧交通系统还能够根据交通流量的变化,动态调整车道分配和限速措施,以最大化地利用道路资源,提高通行能力。此外,智慧交通系统还通过智能化管理手段,提高高速公路的安全性和可靠性。例如,能够通过智能监控和预警系统,及时发现并处理交通事故、车辆故障等突发情况,减少因这些事件导致的交通中断和延误。同时,智慧交通系统还能够为驾驶员提供实时的路况信息和天气预警,帮助他们做出更加安全、合理的行驶决策。从综合效益的角度来看,智慧交通系统的应用不仅提高了高速公路的交通运输效率,还促进了节能减排和绿色交通的发展。通过优化行驶路线和减少拥堵等待时间,车辆燃油消耗和尾气排放得到了有效控制。同时,智慧交通系统还推动了交通出行方式的多样化和便捷化,为公众提供了更加高效、舒适的出行体验。这些综合效益的显现,进一步彰显了高速公路管理体系智慧化转型的重要性和必要性。

(二)环境影响降低

1. 智慧交通系统优化交通流,减轻环境负担

在高速公路管理体系智慧化效果评估的框架下,空气质量监测数据与碳排放量成为衡量智慧化系统环境友好程度的重要指标。智慧交通系统通过集成先进的信息技术、数据分析和人工智能算法,实现了对交通流的精准调控与优化。在这一过程中,系统能够实时监测道路状况、车辆分布及行驶速度,进而通过智能信号控制、动态交通诱导等手段,有效缓解交通拥堵,减少车辆怠速排放,从而显著降低污染物的排放量。具体而言,智慧交通系统能够预测交通高峰时段与拥堵区域,提前调整信号灯配时,确保车辆顺畅通行,减少因等待造成的燃油消耗和尾气排放。同时,系统还能根据实时路况,为驾驶员提供最优行驶路线建议,引导车辆避开拥堵路段,实现整体交通流的均衡分布。此外,智慧交通还促进了公共交通与私家车出行的有效衔接,鼓励市民选择更为环保的出行方式,如公交、地铁或共享单车,进一步降低了交通运输对环境的压力。通过这一系列措施的实施,智慧交通系统不仅提升了高速公路的通行效率,更在无形中减轻了环境负担,为构建绿色、低碳的交通体系奠定了坚实基础。未来,随着技术的不断进步与应用的深化,智慧交通系统将在环境保护方面发挥更加积极的作用,助力实现交通行业的可持续发展目标。

2. 推广绿色出行方式,智慧交通助力节能减排

在高速公路管理体系智慧化的进程中,推广绿色出行方式成为降低环境污染、减少碳排放的重要途径。智慧交通系统通过整合各类交通资源,为公众提供了更加便捷、高效的绿色出行方案,有效引导了出行行为的转变。系统利用大数据分析,精准识别市民的出行需求与偏好,结合天气、路况等实时信息,为市民推荐低碳、环保的出行方式,如步行、骑行或乘坐新能源公交车等。同时,智慧交通系统还通过智能化管理手段,提高了公共交通的服务质量与效率,使得公共交通成为更多市民的首选。例如,通过智能调度系统,公交车能够根据实际客流情况动态调整发车间隔,减少空驶率,提高运营效率;共享单车平台的智能化管理,让市民能够轻松找到最近的共享单车,享受便捷、健康的出行体验。此外,智慧交通系统还积极推广使用电动汽车等清洁能源交通工具,通过建设充电站网络、提供充电优惠等措施,降低了电动汽车的使用门槛,促进了电动汽车的普及。这一系列举措的实施,不仅减少了交通运输过程中的碳排放,还推动了能源结构的优化升级,为构建绿色、低碳的交通运输体系提供了有力支撑。未来,智慧交通系统将继续在推广绿色出行方式方面发挥重要作用,为保护环境、实现可持续发展目标贡献智慧与力量。

（三）用户满意度提升

1. 个性化服务是智慧交通提升用户体验的关键

在高速公路管理体系的智慧化效果评估中，用户满意度的提升是衡量智慧化系统成功与否的重要指标。其中，个性化服务的提供是提升用户体验的关键所在。智慧交通系统通过深度挖掘用户出行数据，了解用户的出行习惯和偏好，进而为用户提供量身定制的服务，极大地增强了出行的便利性和舒适度。智慧交通系统的个性化服务体现在多个方面。例如，通过用户的出行历史数据，系统能够预测用户可能的出行路线和时间，提前为用户提供路况预警、天气提醒等贴心服务。对于经常通勤的用户，系统还能根据历史数据为其推荐最优的出行方案，包括最佳出发时间、最快路线等，帮助用户避开高峰时段和拥堵路段，节省出行时间。此外，智慧交通系统还通过与其他智能设备的联动，为用户提供更加个性化的出行体验。比如，与智能手机的连接，可以让用户随时随地获取实时路况信息，甚至通过语音助手进行路线规划；与车载导航系统的融合，则能让用户在驾驶过程中享受到无缝的导航服务，无须分心操作手机或其他设备。而且这些个性化服务的提供，不仅让用户感受到了智慧交通系统的便捷和高效，更提升了用户对高速公路管理体系的整体满意度。用户感受到系统对他们的理解和关怀，从而更加信任和支持智慧交通系统的发展和应用。

2. 实时信息与便捷支付，打造智慧出行新体验

在高速公路管理体系的智慧化转型中，实时路况信息的提供和便捷支付方式的引入，是提升用户出行体验、提高用户满意度的另外两大重要举措。这两者的结合，为用户打造了一个全新的、智能化的出行体验。实时路况信息是智慧交通系统的一大亮点。通过遍布高速公路的传感器和摄像头，系统能够实时采集路况数据，包括车流量、车速、交通事故等信息，并通过各种渠道及时发布给用户。用户可以通过手机 App、车载导航系统等设备，随时随地获取最新的路况信息，从而做出更加合理的出行决策。这不仅避免了用户因不了解路况而误入拥堵路段，还提高了出行的安全性和效率。与此同时，便捷支付方式的引入也极大地提升了用户的出行体验。传统的高速公路收费方式往往需要用户停车缴费,不仅浪费了时间,还可能造成交通拥堵。而智慧交通系统通过与现代支付技术的结合,实现了不停车收费、在线支付等功能。用户只需通过手机或绑定的银行卡即可完成支付,无须现金找零,大大提高了支付的效率和便捷性。并且,实时路况信息与便捷支付方式的结合,让用户在高速公路上的出行变得更加顺畅和无忧。用户能够享受到更加智能化、人性化的服务,从而对高速公路管理体系的智慧化转型给予更高的评价。这种全新的出行体验,不仅提升了用户的满意度,也为智慧交通系统的进一步发展和应用奠定了坚实的基础。

二、高速公路管理体系的智慧化持续改进

(一)打造数字运营管理平台

1. 构建智慧决策中枢

在高速公路管理体系的智慧化持续改进过程中,构建智慧决策中枢是核心环节之一。这一中枢依托于"高速大脑"的顶层设计,旨在通过高度集成与智能化处理,将高速公路的运营管理提升至全新高度。智慧决策中枢不仅是一个数据汇聚与分析的平台,更是路段治理的"智慧大脑"。它利用数字孪生技术,将高速公路的物理世界与数字世界紧密相连,实现实时、精准的监控与管理。在二维视图的辅助下,交通流量、调度指挥、收费服务、服务区经营等核心指标数据得以直观展现,为管理者提供了全面、及时的运营状况概览。这种可视化的管理方式,极大提升了决策效率与准确性,使得高速公路的运营管理能够更加迅速、灵活地应对各种复杂情况,确保道路畅通无阻,服务品质持续优化。

2. 构建运营管理数据中枢

数据作为现代高速公路管理的基石,其重要性不言而喻。为了充分挖掘数据价值,构建运营管理数据中枢显得尤为重要。这一中枢通过汇聚自有系统的业务数据、设备感知数据以及互联网数据,构建起一个全面、多维的数据仓库。这些数据不仅包含了高速公路的日常运营信息,还涵盖了车辆行驶轨迹、路况变化、天气状况等多元信息,为管理服务的辅助决策提供坚实的数据支撑。在此基础上,通过推进数字技术与高速公路全生命周期业务场景的深

度融合,探索智能预警预防机制,实现问题的早发现、早处理。同时,搭建起"预、控、管"三维数字运营模式,将预防、控制与管理三者有机结合,形成闭环管理,确保高速公路运营管理的高效、安全与可持续发展。这一数据中枢的建立,不仅提升了管理效率,更为高速公路的智慧化转型奠定了坚实基础。

(二)优化通行管理与服务质量

1. 改善通行管理设施

在高速公路管理体系的智慧化持续改进中,优化通行管理设施是至关重要的一环。为了提升通行效率与用户体验,必须支持多介质支付,构建一套兼容公共卡与私人智能磁卡的结算系统。这一系统的建立,不仅能够满足不同用户的支付需求,还能通过数字化手段实现支付过程的快速、准确与安全。同时,应大力建设更为先进的车牌识别系统,利用高清摄像头与智能算法,实现车辆的快速检测与识别,从而大幅提高通行效率,减少因人工识别带来的延误。此外,建立安全有效的远程监管系统也是不可或缺的一部分。该系统能够实时收集并上传各类交通数据,包括车流量、车速、车辆类型等,为交通管理部门提供决策支持。通过远程监管,可以及时发现并处理交通异常情况,确保高速公路的畅通无阻。同时,智能化设备的引入也是提升通行管理水平的关键。例如,自动收费机器人、智能停车引导系统等,都能有效辅助智能高速公路的通行收费,使整个过程更加便捷、高效,从而极大地提升用户的出行体验。

2. 完善服务质量

服务质量的提升是高速公路管理体系智慧化持续改进的一个重要方面,为了强化服务设施布局,应定期对高速公路沿线的服务设施进行检查与维护,确保其整洁且功能完善。同时,应增加服务设施的种类与数量,以满足不同用户的需求。例如,在高速出口处设立综合服务区,提供客运、旅游、汽修、餐饮及娱乐等一站式服务,让旅客在旅途中也能享受到便捷与舒适。加强宣传力度也是提升服务质量的重要手段。通过高速公路沿线的电子显示屏、广播系统以及社交媒体等渠道,及时发布交通违章宣传、行车安全提示以及旅游资讯等信息,引导驾驶员文明驾驶、安全出行。同时,应设立贴心的服务热线与在线平台,为用户提供及时、专业的咨询与帮助,无论是关于路线规划、路况查询还是紧急救援等问题,都能得到迅速有效的解决。通过这些措施的实施,不仅能够提升高速公路的服务质量,还能增强用户的满意度与忠诚度,为高速公路的可持续发展奠定坚实基础。

(三)加强应急管控与网络安全管理

1. 提升应急管控能力

在高速公路管理体系的智慧化持续改进过程中,提升应急管控能力是至关重要的一环,为实现这一目标,需采取一系列先进技术与策略。交叉比对技术能够整合来自多个渠道的信息,通过大数据分析,快速识别异常情况,为应急响应提供科学依据。个性化管控技术则根据高速公路的具体路段特点、历史数据以及实时状况,制定差异化的应急管控方案,确保应对措施的精准有效。同时,加大应急指挥力度,通过智能化调度系统,合理布置和调配安全与应急救援力量,确保在紧急情况下能够迅速响应,有效控制事态发展。现代化通信手段的引入,如5G、物联网等技术,使得在重大事件发生时,能够实现跨地域、跨部门的及时统一指挥,大大提升应急响应的效率和协同性。此外,强化各级应急报警处置能力,通过定期培训与演练,提升人员的应急反应速度和处置技能,并依法加强应急物资储备,确保在关键时刻能够迅速调用,有效保障高速公路的安全畅通。

2. 加强网络安全管理

随着高速公路管理体系的智慧化水平不断提升,网络安全问题也日益凸显。为保障网络系统的稳定运行,必须加强网络安全管理。首先,提升员工的网络安全意识,通过定期举办网络安全知识讲座、发布网络安全手册等方式,让每一位员工都认识到网络安全的重要性,并学会基本的防护技能。其次,进行全面的信息安全风险评估,识别潜在的安全漏洞和威胁,制定针对性的防护措施。组织开展网络安全培训,不仅针对技术人员,也包括管理层和一线员工,确保全员都能掌握必要的网络安全知识和操作技能。最后,建立网络安全自查机制,定期对网络系统进行全面的安全检测,及时发现并修复安全漏洞,防止黑客攻击和病毒入侵。通过构建多层次、立体化的网络安全防护体系,确保高速公路管理体系的网络安全,为智慧化持续改进提供坚实的保障。

第五章　高速公路智慧化养护体系创新与实践

第一节　养护技术的智慧化研发与应用

一、智能巡检系统

（一）智能巡检系统的核心构成

智能巡检系统是高速公路养护技术智慧化研发中的一大亮点，它集成了高精度传感器、高清摄像头以及前沿的图像识别技术，为道路状况的实时监测与精确分析提供了有力支持。这一系统的核心载体——智能巡检车，能够按照预设路线自主行驶，对路面、桥梁、隧道等高速公路的关键设施进行全方位、无遗漏的巡检。高精度传感器在巡检过程中发挥着至关重要的作用，它们负责收集包括温度、湿度、振动等在内的各类物理参数，这些数据为后续的养护决策奠定了坚实基础。而高清摄像头则以其敏锐的"视力"，捕捉道路表面的任何细微变化，如裂缝的萌生、坑洼的形成、剥落的出现等，并通过先进的图像识别算法进行迅速且准确的识别与分类。智能巡检系统的应用，不仅极大地提升了巡检的效率，更在准确性上实现了质的飞跃。相较于传统的人工巡检，智能巡检系统能够更快速地发现潜在的安全隐患，如微小的裂缝或初露端倪的坑洼，这些在人工巡检中可能难以察觉的细节，却在智能巡检系统的火眼金睛下无所遁形。这种高效且准确的巡检方式，为养护人员赢得了宝贵的处理时间，有效预防了因道路病害而可能引发的交通事故，从而确保了高速公路的安全与畅通。

(二)智能巡检系统的数据处理与报告生成

智能巡检系统所收集到的海量数据,通过无线传输技术实时上传至云端数据中心。在这里,大数据分析与处理技术发挥着关键作用。这些数据经过精心的筛选、清洗、整合与分析,最终形成了详尽的巡检报告。报告不仅包含了道路病害的详细信息,如位置、类型、严重程度等,还通过直观的病害分布图,让养护人员能够一目了然地掌握整条高速公路的病害状况。这种可视化的呈现方式,极大地减轻了养护人员的工作负担,使他们能够更快地定位问题、分析原因,并制定出针对性的养护措施。

(三)智能巡检系统在高速公路养护智慧化中的具体应用

智能巡检系统的出现,无疑为高速公路养护行业带来了一场深刻的变革。它不仅极大地提高了巡检的效率与准确性,更在预防交通事故、保障行车安全方面发挥了重要作用。通过实时监测与精准分析,智能巡检系统能够及时发现并处理潜在的安全隐患,将事故扼杀在萌芽状态,从而确保了高速公路的畅通无阻。此外,智能巡检系统还为养护计划的制订提供了科学依据。通过大数据分析与预测,养护人员能够更准确地把握道路病害的发展趋势,制订出更为合理的养护策略与计划。这种基于数据的决策方式,不仅提高了养护的针对性与有效性,还实现了养护资源的优化配置,降低了养护成本,提高了养护的整体效益。可以说,智能巡检系统的应用,不仅推动了高速公路养护技术的智慧化发展,更为高速公路的安全、畅通与可持续发展提供了有力保障。

二、智能维护设备

(一)智能维护设备开启高速公路养护新篇章

在科技日新月异的今天,智能维护设备正逐步成为高速公路养护领域的中流砥柱。这些设备以其高度的自动化和智能化特性,彻底颠覆了传统养护模式。自动裂缝修补机作为智能维护设备的杰出代表,凭借其先进的图像识别技术和精准的机械控制系统,能够自主识别并快速修补路面裂缝。这一创新不仅极大地提高了修补效率,更确保了修补质量的一致性和稳定性。设备内置的高精度传感器和算法,使得修补过程无须人工干预,从而有效避免了因人为因素导致的安全隐患。自动裂缝修补机的出现,标志着高速公路养护工作正迈向更加智能化、精准化的新阶段。

(二)智能坑洞填充提升养护效率与质量

与自动裂缝修补机相辅相成的是自动坑洞填充机,这一设备同样在高速公路养护中发挥着举足轻重的作用。它能够自动检测路面坑洞的位置、大小和深度,并根据这些信息选择最合适的填充材料进行修补。自动坑洞填充机的应用,不仅显著提升了养护工作的效率,更通过精确的控制算法保证了填充效果的平整度和耐久性。这一创新技术的应用,使得养护人员得以从繁重的体力劳动中解脱出来,转而专注于更高层次的养护策略规划和决策制定。同时,自动坑洞填充机还能在不影响交通的情况下进行作业,有效减少了因养护施工引发的交通拥堵和安全风险,为公众出行提供了更加顺畅、安全的道路环境。

(三)数据分析驱动养护决策的智慧化转型

智能维护设备的应用,不仅局限于具体的养护作业层面,更在于其背后强大的数据收集、分析和处理能力。这些设备能够实时监测道路状况,收集大量关于路面裂缝、坑洞、车流量、气温等关键数据。通过对这些数据的深度挖掘和分析,养护部门可以更加准确地掌握道路状况的发展趋势,及时制定和调整养护策略。这种基于数据的决策方式,不仅提高了养护资源的优化配置效率,还实现了养护工作的精准施策和高效管理。此外,智能维护设备还能通过远程监控和故障诊断功能,提前预警潜在的设备故障,为设备的维护和保养提供有力支持,进一步提升养护工作的整体效能和安全性。

三、预测性养护技术

(一)预测性养护技术是数据驱动的养护新模式

预测性养护技术,作为高速公路养护技术智慧化研发的前沿阵地,正引领着养护行业的深刻变革。这一技术的核心在于,它巧妙地融合了大数据与机器学习技术,通过对历史养护记录、实时交通流量、气象条件等多维度数据的综合剖析,精准预测未来的养护需求。数据的收集是预测性养护的基石,借助遍布高速公路的各类传感器与监测设备,我们能够实时捕捉道路状况、车流量变化及气象波动等关键信息,构建起一个庞大而精细的数据网络。这些数据,如同养护领域的矿石,等待着被深入挖掘与提炼。而机器学习算法的应用,则是将这些数据"矿石"转化为预测性养护这一"金矿"的关键部分。通过复杂的算法模型,系统能够自动学习道路病害的发生规律,识别出潜在的风险点,并预测其发展趋势。这种基于数据的预测能力,使得养护工作不再局限于被动应对,而是能够主动出击,提前制定养护策略,有效延长道路的使用寿命,显著降低养护成本。

(二)预测性养护从"治病"到"防病"的转变

预测性养护技术的最大价值,在于它实现了养护理念的根本性转变,那就是从传统的"治病"模式转变为"防病"模式。在过去,养护工作往往是在道路出现明显病害后才进行,这种被动应对的方式不仅效率低下,而且成本高昂。而预测性养护技术,则让养护人员能够在病害发生之前,就根据预测结果采取预防措施,如及时修补潜在裂缝、调整路面结构等,从而有效避免病害的进一步发展,减少因病害而引发的交通事故,降低维修成本。此外,预测性养护技术还为养护资源的优化配置提供了科学依据。通过精确预测养护需求,养护部门能够合理安排养护计划,确保资源在关键时刻发挥最大效用。这种精准化、高效化的养护模式,不仅提高了养护工作的整体效率,还提升了道路的安全性和通行质量,为公众提供了更加安全、舒适的出行环境。

四、养护数据可视化与决策支持系统

(一)高速公路养护数据可视化平台的研发及其应用

在高速公路养护技术的智慧化进程中,数据可视化平台的研发占据着举足轻重的地位。这一平台的核心功能,在于将繁复的养护数据,通过图表、动画等直观易懂的形式进行展示。这些数据来自多个渠道,包括但不限于路面监测传感器、桥梁健康监测系统、交通流量统计以及历史养护记录等。平台通过整合这些数据,形成全面且实时的道路状况概览。而数据可视化平台的优势在于其直观性。管理者无须深入数据细节,即可通过直观的图表和动画,快速把握高速公路的整体状况。例如,将地理信息系统(GIS)与热力图结合,人们可以清晰地看到哪些路段病害频发,哪些区域交通压力较大。此外,平台还支持数据的动态更新,确保管理者能够随时掌握最新的道路状况,为及时响应和制定养护策略提供有力支持。为了实现数据的高效可视化,平台采用了先进的图形渲染技术和交互设计。这不仅使得数据展示更加美观,还大大提高了用户的使用体验。管理者可以通过简单的鼠标操作,轻松切换不同的数据视图,或者对特定区域进行放大、缩小等详细查看。这种灵活的数据探索方式,有助于管理者发现潜在的问题和趋势,为养护决策提供有力依据。

(二)智能决策支持系统的研发及其应用

随着人工智能技术的不断发展,智能决策支持系统已成为高速公路养护技术智慧化的重要组成部分。这一系统通过集成机器学习、深度学习等先进技术,对养护数据进行深度挖掘和分析,从而为养护决策提供科学依据。智能决策支持系统的核心在于其预测和优化能力。通过对历史养护数据的分析,系统能够预测未来可能出现的道路病害和交通状况变化。这种预测能力对于制定预防性养护策略至关重要。例如,系统可以预测哪些路段在未来一段时间内可能出现裂缝或坑洼,从而提前安排维修计划,避免病害扩大导致更严重的后果。除了预测能力外,智能决策支持系统还具备优化功能。它可以根据当前的养护资源和任务需求,自动生成最优的养护计划。这包括确定养护的优先级、分配养护人员和设备、安排养护时间等。优化养护计划可以确保养护资源的高效利用,提高养护工作的整体效率。

第二节 养护作业流程的智慧化优化与实施

一、高速公路养护作业流程的智慧化优化

(一)识别技术的应用

1. 高精度识别设备的研发与应用

随着科技的进步,高精度识别设备如高清摄像头、激光扫描仪、红外热像仪等被广泛应用于高速公路的养护中。这些设备能够实时捕捉路面的细微变化,通过先进的图像识别算法和数据分析技术,快速准确地识别出病害的位置、类型、严重程度等信息。例如,高清摄像头能够捕捉到毫米级的裂缝,激光扫描仪能够生成高精度的三维路面模型,红外热像仪则能检测出路面下的隐性病害,如脱空、渗水等。

2. 巡检报告与病害分布图的自动生成

识别技术不仅能够精准识别病害,还能自动生成详细的巡检报告和病害分布图。巡检报告包含了病害的详细信息,如位置坐标、病害类型、严重程度、建议处理措施等,为养护人员提供了全面的病害信息。而病害分布图则通过可视化的方式,将病害信息直观地展示在地图上,使得养护人员能够一目了然地了解整条高速公路的病害状况,为后续的养护计划制订提供了科学依据。通过对识别技术的应用,高速公路养护作业流程实现了从人工巡检到智能识别的转变,大大提高了病害识别的准确性和效率,为养护工作的及时性和有效性提供了有力保障。

(二)智能调度系统

1. 养护需求的智能预测与分配

智能调度系统首先通过预测性养护技术,对历史养护数据、交通流量数据、气象数据等多源信息进行综合分析,预测未来的养护需求。然后,根据预

测结果和养护资源的实际情况,将养护任务智能地分配给相应的养护队伍和设备。这种智能预测与分配的方式,避免了养护资源的浪费和冲突,确保了养护工作的高效进行。

2. 人员设备的智能调度与管理

智能调度系统还能够实时监控养护人员和设备的位置、状态等信息,并根据养护任务的需求,智能调度人员和设备到指定地点进行作业。例如,当某一路段出现紧急病害需要立即处理时,系统能够迅速调度附近的养护队伍和设备前往处理,大大缩短了响应时间,提高了养护效率。同时,系统还能够对人员和设备的工作情况进行实时记录和评估,为后续的养护资源配置和人员培训提供了数据支持。

3. 交通状况的智能监控与协调

高速公路的养护作业往往需要占用部分车道或封闭部分路段,这必然会对交通造成一定的影响。智能调度系统通过实时监控交通状况,如车流量、车速、拥堵情况等,能够智能地调整养护作业的时间和方式,以最小化对交通的影响。例如,系统可以选择在车流量较小的时段进行养护作业,或者通过提前发布交通信息、设置临时交通标志等方式,引导车辆绕行或减速通过养护区域。通过引入智能调度系统,高速公路养护作业流程实现了从"被动应对"到"主动调度"的转变,大大提高了养护资源的利用效率和养护作业的整体效率,为高速公路的安全、畅通和可持续发展提供了有力支撑。同时,智能调度系统还促进了养护工作各环节的紧密协同和高效配合,提升了养护团队的整体作战能力。

(三)远程操控与作业的实现

1. 远程操控技术是养护作业的新模式

在高速公路养护作业的智慧化转型中,远程操控技术的引入无疑是一次重大的革新。这项技术通过远程控制平台,使养护人员能够身处安全、舒适的环境中,对远在数千米甚至数十千米外的智能养护设备进行精准操控。他们只需轻点鼠标或触摸屏,就能调整设备的工作状态、参数和行进路线,仿佛亲手操作一般自如。这种操作模式的变革,彻底颠覆了传统养护作业中需要人员亲临现场、面对恶劣环境和交通风险的局面。远程操控技术的实现,离不开高速稳定的通信网络、精准可靠的传感器技术和先进易用的控制软件。通信网络作为信息的传输纽带,确保了指令的即时传达和数据的实时回传;传感器技术让设备能够精准感知自身状态和周围环境,为远程操控提供准确的数据支持;而控制软件则是整个系统的"大脑",它整合了通信、传感、控制等多种技术,使得远程操控变得简单、直观、高效。通过远程操控技术,养护人员可以实时监控设备的工作状态和作业效果。他们可以看到设备在高速公路上精准地修补裂缝、填充坑洞,甚至可以通过高清摄像头观察到作业区域的每一个细节。这种实时的可视化监控,不仅提高了作业的质量,还极大地增强了养护人员的安全感和掌控感。

2. 远程作业是提升效率与安全的双重保障

远程操控技术的引入,不仅改变了养护作业的操作模式,更在提升作业效率和安全性方面发挥了重要作用。一方面,在效率上远程操控使得养护人员能够同时操控多台设备,或者在夜间、恶劣天气等不适宜人员现场作业的情况下继续进行养护工作。这大大延长了作业时间,提高了作业效率,使得高速公路能够更快地恢复良好的通行状态。另一方面,远程操控技术为养护人员提供了一道坚实的屏障。他们无须再置身于车流穿梭、尘土飞扬的现场环境中,从而避免了交通事故、职业病等潜在风险。同时,通过远程监控和数据分析,养护部门可以及时发现并处理设备故障或异常情况,确保作业过程的安全稳定。此外,远程作业还带来了管理上的便利。养护部门可以更加灵活地调配人力资源和设备资源,根据实际需要调整作业计划和作业方式。这种灵活性和高效性,使得高速公路养护作业能够更好地适应不断变化的交通需求和路况条件,为公众提供更加安全、顺畅的出行环境。

(四)数据管理与分析能力的提升

1. 数据管理是构建养护作业的智慧基石

在智慧化养护作业流程中,通过建立全面而高效的养护作业数据库,系统能够有条不紊地收集、存储养护作业过程中产生的各类数据。这些数据涵盖了养护作业的历史记录、实时监测数据以及作业效果反馈等多个维度,构成了一个庞大而精细的数据网络。历史数据记录了过往养护作业的详细情况,为后续的养护工作提供了宝贵的经验和参考;实时监测数据实时反映了道路状况、设备状态等关键信息,为养护决策提供了即时依据;作业效果数据通过对比养护前后的路况变化,评估养护作业的实际效果,为养护质量的持续提升奠定基础。而数据库的建立,不仅确保了数据的完整性和准确性,还实现了数据的集中管理和快速检索。养护人员可以随时随地访问数据库,获取所需数据,大大提高了工作效率。同时,数据库还具备强大的数据安全机制,确保数据在传输和存储过程中不被泄露或篡改,为养护工作的顺利进行提供了有力保障。

2. 数据分析是驱动养护作业的精准决策

数据分析平台是智慧化养护作业流程中的一大核心。它通过对数据库中的海量数据进行深度挖掘和分析,揭示出数据背后隐藏的规律和趋势,为养护决策提供了科学依据。平台运用先进的算法模型,对养护作业的历史数据、实时监测数据以及作业效果数据进行综合分析,找出养护作业中的瓶颈和问题,提出针对性的优化建议。例如,通过对历史数据的分析,平台能够识别出常见病害的发生规律和影响因素,为预防性养护提供指导;通过对实时监测数据的分析,平台能够及时发现道路状况的异常变化,为紧急养护提供预警;通过对作业效果数据的分析,平台能够评估不同养护措施的效果差异,为养护方案的优化提供依据。这些分析结果以直观、可视化的方式呈现给养护人员,使得他们能够迅速了解数据背后的信息,做出更加精准、科学的养护决策。而数据分析能力的提升,不仅推动了养护作业的精准化和科学化,还提高了养护资源的利用效率,降低了养护成本。随着数据的不断积累和分析技术的不断进步,数据分析平台将能够为养护工作提供更多、更有价值的信息支持,助力高速公路养护事业迈向更高的智慧化水平。

二、高速公路养护作业流程的智慧化实施步骤

(一) 数据收集与整合

1. 全面数据收集是智慧养护的基石

在高速公路养护作业流程的智慧化实施过程中,一个全面的数据收集系统,如同智慧养护的眼睛,时刻捕捉着高速公路的每一处细微变化。这个系统不仅关注道路本身的状况,如路面平整度、裂缝分布、桥梁结构安全等,还涵盖交通流量数据,包括车辆类型、行驶速度、交通拥堵情况等。同时,气象数据也是不可或缺的一部分,它涵盖了温度、湿度、降水、风速等自然因素,这些因素直接影响着道路的使用状况和维护需求。为了构建这样一个全面的数据收集系统,需要借助多种技术手段。物联网技术使得各类传感器能够实时采集数据,并通过无线网络传输至数据中心;大数据技术提供了强大的数据存储和处理能力,确保海量数据能够被有效管理和利用;而云计算技术则让数据处理更加高效、灵活,能够随时随地为养护作业提供数据支持。这些技术的综合运用,使得数据收集系统能够全面、准确地反映高速公路的实时状况,为智慧化养护作业奠定坚实的基础。

2. 数据整合与分析是智慧决策的依据

在高速公路养护作业中,各类数据往往分散在不同的系统或平台中,需要通过数据整合技术将其汇聚在一起,形成一个完整、统一的数据视图。这样,养护人员就能够从全局的角度把握高速公路的整体状况,及时发现并处理潜在的问题。数据整合后,还需要进行深入的数据分析。通过运用数据挖掘、机器学习等先进技术,可以从海量数据中提炼出有价值的信息和规律。例如,通过对历史数据的分析,可以预测未来道路病害的发展趋势,提前制订养护计划;通过对交通流量数据的分析,可以优化交通组织方案,缓解交通拥堵;通过对气象数据的分析,可以调整养护作业的时间和方式,确保作业效果和安全。这些数据分析的结果,将成为智慧化养护作业决策的重要依据,推动高速公路养护作业向更加科学、精准、高效的方向发展。

（二）系统开发与部署

1. 系统开发是打造智慧化养护作业的核心引擎

在高速公路养护作业流程智慧化中，基于前期收集到的大量数据，需要着手开发智慧化养护作业管理系统，旨在通过技术手段全面提升养护作业的效率和质量。该系统集成了智能巡检、预测性养护、智能决策支持等多项核心功能，为养护工作提供了全方位的技术支撑。智能巡检功能通过集成高精度识别技术，实现了对路面病害的自动识别和记录，大大减轻了人工巡检的负担，提高了巡检的准确性和效率。预测性养护功能利用大数据分析和机器学习算法，对养护数据进行深度挖掘，预测未来可能出现的病害情况，为预防性养护提供科学依据。智能决策支持功能则根据预测结果和当前养护资源状况，为养护人员提供最优的养护方案和建议，助力养护决策的科学化和精准化。在系统开发过程中，应注重系统的稳定性、易用性和可扩展性，确保系统能够满足不同养护场景的需求，并为未来的功能升级和扩展留下充足的空间。通过不断的迭代和优化，智慧化养护作业管理系统逐渐成熟，为后续的部署和应用奠定了坚实的基础。

2. 系统部署将智慧养护带入作业现场

该系统部署过程包括系统安装、设备配置、数据对接等多个环节，需要确保系统与现场设备的无缝连接和数据的顺畅传输。在部署过程中，应充分考虑养护作业现场的实际环境和需求，对系统进行针对性的优化和调整。通过现场测试和调试，我们解决了系统在实际应用中遇到的各种问题，确保了系统的稳定运行和良好表现。同时，还应为养护人员提供系统的操作培训和技术支持，帮助他们快速掌握系统的使用方法和技巧，为智慧化养护作业的顺利开展提供有力保障。此外，系统部署的完成，标志着智慧化养护作业流程的全面实施。在现场，智慧化养护作业管理系统以其强大的功能和便捷的操作，赢得了养护人员的一致好评。它不仅提高了养护作业的效率和质量，还降低了养护成本，为高速公路的畅通和安全提供了有力支撑。随着系统的不断优化和升级，我们相信智慧化养护作业流程将为用户带来更加出色的表现和更加优质的服务。

(三)养护作业人员技术培训与设备配置

1. 养护作业人员技术培训是构建智慧养护的人才基石

在高速公路养护作业流程智慧化的推进过程中,养护作业人员的技术培训显得尤为重要。智慧化养护作业不仅要求作业人员掌握传统的养护技能,更需要他们熟悉并熟练运用新的智慧化系统和设备。因此,我们组织了一系列针对性的技术培训活动,旨在提升作业人员的智慧养护能力。培训内容涵盖了智慧化养护作业系统的基本操作、数据录入与分析、智能巡检设备的使用与维护、自动化养护设备的操作流程等多个方面。通过理论讲解与实操演练相结合的方式,作业人员能够直观地了解新系统和新设备的功能特点,掌握其使用方法,并学会在日常养护工作中灵活运用。为了确保培训效果,还应建立考核与反馈机制。作业人员需要经过严格的考核,才能上岗操作。同时,鼓励作业人员在培训过程中提出问题和建议,以便我们不断优化培训内容和方式,更好地满足实际需求。通过这一系列的技术培训,养护作业人员逐渐适应了智慧化养护作业的新模式,为智慧养护的全面推进奠定了坚实的人才基础。

2. 设备配置助力智慧养护的高效实施

智慧化养护作业的高效实施,离不开先进的智能巡检设备和自动化养护设备的支持。根据养护作业的实际需求,应精心配置各类智能设备,以确保智慧养护的顺利进行。智能巡检设备,如高清摄像头、无人机等,能够实现对高速公路路面的全方位、高精度巡检。这些设备能够自动捕捉路面病害信息,实时上传至智慧化养护作业系统,为养护决策提供科学依据。同时,自动化养护设备,如智能洒水车、路面修补机等,能够按照预设的程序和路径自动进行养护作业,大大提高了养护效率和质量。在设备配置过程中,需要充分考虑设备的性能、兼容性以及后期维护成本等因素,确保所选设备能够满足智慧化养护作业的需求。同时,还应建立设备管理制度,对设备进行定期维护和保养,确保其长期处于良好的工作状态。通过这些先进设备的配置和管理,我们为智慧化养护作业的高效实施提供了有力的物质保障。

（四）智慧化养护作业的试点运行

1. 试点运行是智慧养护作业的实战检验

在高速公路养护作业流程智慧化过程中，试点运行不仅是新系统和新设备从理论走向实践的桥梁，更是评估其效果与效率、验证其可行性与适用性的关键步骤。选择部分具有代表性的路段作为试点，意味着将这些路段置于智慧养护的"聚光灯"下，全方位、全周期地监测和评估新技术的应用效果。试点运行期间，各类智能监测设备、自动化作业机械以及数据分析系统纷纷亮相，它们各司其职，共同构建起一个高效协同的智慧养护体系。路面状况被实时监测，病害被及时发现并精准定位；养护作业计划根据数据分析结果自动生成，作业过程被远程监控和调度；作业效果通过数据反馈进行量化评估，为后续的调整和优化提供有力依据。这一系列的流程，不仅验证了新系统和新设备的性能，更展现了智慧养护作业的高效与便捷。

2. 调整优化是智慧养护的持续迭代

试点运行并非一蹴而就，而是一个不断迭代、持续优化的过程。根据试点期间收集到的丰富数据和实践经验，养护部门需要对新系统和新设备进行必要的调整和优化。这包括对监测设备的灵敏度进行校准，以确保数据的准确性；对作业机械的操作流程进行简化，以提高作业效率；对数据分析算法进行改进，以挖掘更多有价值的信息。而调整优化的过程，也是智慧养护作业流程不断成熟和完善的过程。它要求养护部门保持开放的心态，积极拥抱新技术、新方法，不断探索和尝试新的解决方案。同时，还需要建立有效的反馈机制，及时收集一线养护人员的意见和建议，确保调整优化的方向符合实际需求。通过这样持续的迭代和优化，智慧化养护作业流程将逐渐走向成熟，为高速公路的畅通无阻提供强有力的保障。

第三节 养护质量的智慧化评估与监控体系

一、高速公路养护质量的智慧化评估

(一)评估模型构建

1. 数据基础是构建评估模型的基石

在高速公路养护质量的智慧化评估过程中,数据是构建评估模型的基石,为了确保评估模型的准确性和可靠性,需要收集并整合大量的历史养护数据和道路状况数据。这些数据包括但不限于养护作业记录、路面病害情况、桥梁结构状态、交通量统计等。通过对这些数据的深度挖掘和分析,我们能够揭示出养护作业与道路状况之间的内在联系,为构建评估模型提供有力的数据支持。历史养护数据记录了过去的养护作业情况,包括养护措施、养护时间、养护人员等信息。这些数据能够反映养护作业的实际效果,为评估模型的构建提供历史经验和参考。道路状况数据则实时反映了高速公路的当前状态,包括路面平整度、裂缝情况、车辙深度等关键指标。这些数据是评估养护作业效果的重要依据,能够直接反映养护作业对道路状况的改善程度。在数据收集过程中,应注重数据的完整性和准确性,确保数据的真实性和可靠性。同时,还需要运用数据清洗和预处理技术,对原始数据进行筛选、去重和归一化处理,以提高数据的质量和可用性。这些数据基础为构建养护质量评估模型提供了坚实的支撑。

2. 综合考虑多种因素的评估体系

基于收集到的数据基础,开始构建养护质量评估模型,这个模型需要综合考虑多种因素,如养护措施、养护时间、交通量等,以实现对养护作业效果的客观、全面评估。在模型构建过程中,首先确定评估指标,这些指标应该能够全面反映养护作业的效果,包括路面病害的改善情况、桥梁结构的稳定性、交通流的顺畅程度等。然后运用统计学和机器学习算法,对这些指标进行权重分配和关系建模。通过训练模型,我们能够使模型学习到养护作业与道路状况

之间的复杂关系,从而实现对养护作业效果的精准评估。在模型构建中,还应特别注重考虑养护措施的科学性和合理性。不同的养护措施对道路状况的改善效果是不同的,因此我们需要根据养护措施的类型、频率和强度等因素,对模型进行细化处理。同时,养护时间也是一个重要的考虑因素。不同的养护时间可能会对养护效果产生不同的影响,因此我们需要将养护时间纳入模型中,以更准确地评估养护作业的效果。

(二)评估结果应用

1. 评估结果的直观展示

在高速公路养护质量的智慧化评估流程中,评估结果的可视化呈现是至关重要的一环。通过先进的图表、地图以及动态仪表盘等技术手段,复杂的评估数据被转化为直观、易懂的视觉元素,如养护质量得分、病害改善率等关键指标一目了然。这样的呈现方式,不仅让养护管理人员能够快速把握高速公路养护质量的整体状况,还能深入剖析各项细节,为后续的决策提供有力支持。可视化呈现的优势在于,它打破了数据的壁垒,使得养护管理人员无须具备专业的数据分析技能,也能轻松理解评估结果。通过直观的图表和地图,他们可以清晰地看到哪些路段养护质量较好,哪些路段存在明显的问题,以及病害的改善情况如何。这种直观性不仅提高了工作效率,还增强了决策的准确性和针对性。

2. 养护计划的灵活优化

基于智慧化评估结果的可视化呈现,养护管理人员能够迅速做出反应,对养护计划进行动态调整。当发现某些路段养护质量得分较低或病害改善率不明显时,他们可以立即调整养护资源的分配,加大对这些路段的投入。同时,根据评估结果中反映出的具体问题,如路面破损、桥梁裂缝等,他们可以针对性地制定养护措施,确保问题得到及时解决。动态调整养护计划的好处在于,它能够确保养护资源得到最合理的利用,避免资源的浪费和闲置。通过不断优化养护计划,养护管理人员可以确保高速公路始终处于良好的运行状态,提高道路的安全性和通行效率。此外,动态调整还有助于及时发现并纠正养护工作中的不足,推动养护质量的持续提升。

3. 资源配置是优化养护资源的科学决策

智慧化评估结果不仅为养护计划的调整提供了依据,还为养护资源的优化配置提供了科学决策的基础。通过深入分析评估数据,养护管理人员可以清晰地了解各类养护资源的使用情况和效果,如人员、设备、材料等。这有助于他们发现资源使用中的瓶颈和浪费行为,及时调整资源配置策略。例如,当发现部分养护设备的使用效率较低时,养护管理人员可以考虑更换更高效的设备或调整设备的使用方式。同样,当发现某些材料的使用效果不佳时,他们可以及时更换更合适的材料,以提高养护质量。通过科学决策和优化配置,养护资源能够得到最大程度的利用,为高速公路养护质量的持续提升提供有力保障。

二、高速公路养护质量智慧化监控体系

(一)体系构建原则

1. 系统性原则

在构建高速公路养护质量智慧化监控体系时,系统性原则是基石。这一原则强调将高速公路养护工作视为一个错综复杂但又紧密相连的整体系统,每一个环节都不可或缺,且需紧密协同。从最初的数据采集,到数据的处理与分析,再到最终的决策支持与监控执行,每一个环节都需进行精细的规划和设计,确保信息的流畅传递与高效利用。数据采集阶段,应充分利用物联网技术,部署各类传感器和监测设备,全面捕捉道路状况、交通流量、气象环境等多维度信息。数据处理阶段,借助云计算和大数据技术,对海量数据进行快速清洗、整合与存储,为后续分析提供坚实基础。分析阶段,通过运用机器学习、人工智能等先进技术,深入挖掘数据背后的规律与趋势,为养护决策提供科学依据。而决策支持与监控执行阶段,则需将分析结果转化为具体的养护措施,并通过智能化系统实现远程监控与调度,确保养护作业的高效执行。系统性原则的应用,使得高速公路养护质量智慧化监控体系能够形成一个完整的闭环,各个环节相互支撑、相互促进,共同推动养护质量的持续提升。

2. 实时性原则

在高速公路养护质量智慧化监控体系中，道路病害和异常情况的发生往往具有突发性和不确定性，若不能及时发现并处理，很可能对道路安全和通行效率造成严重影响。因此，确保监控数据的实时性和准确性至关重要。为了实现实时监控，需构建高效的数据传输网络，确保传感器和监测设备采集到的数据能够迅速上传至云端数据中心。同时，还需开发先进的数据处理算法，对海量数据进行快速处理和分析，及时发现异常数据并触发预警机制。此外，养护管理部门还应建立快速响应机制，一旦接收到预警信息，能够立即组织人员进行现场核查和处理，确保道路病害和异常情况得到及时有效的解决。实时性原则的应用，不仅提高了养护监控的实效性，还增强了养护工作的主动性和预见性，有助于降低道路病害的发生率和影响程度，保障高速公路的安全畅通。

3. 科学性原则

在高速公路养护质量智慧化监控体系中，科学性原则强调基于数据分析结果制定养护决策，确保决策的科学性和合理性，避免盲目性和随意性。为了实现科学性决策，需建立完善的数据分析模型，通过运用统计学、机器学习等科学方法，对海量数据进行深入挖掘和分析，揭示数据背后的规律和趋势。而且还需结合养护工作的实际情况和专家经验，对分析结果进行综合研判，确保决策的可行性和有效性。养护管理部门还应建立决策评估机制，对决策效果进行定期评估和反馈，以便及时调整和优化决策策略。科学性原则的应用，不仅提升了养护决策的智慧化水平，还增强了养护工作的针对性和实效性，有助于实现高速公路养护质量的持续改进和提升。

（二）高速公路养护质量智慧化监控体系构建步骤

1. 需求分析与规划

在构建高速公路养护质量智慧化监控体系的初步阶段，需求分析与规划显得尤为重要。这一步骤的核心在于明确监控的具体目标和范围，这包括确定需要纳入监控体系的高速公路路段，关键设施如桥梁、隧道等，以及关键的养护指标,如路面破损率、桥梁结构安全系数等。为确保监控体系的针对性和适用性,必须对现有的养护模式进行全面审视,深入了解当前采用的技术手段、工作流程以及存在的问题和不足。调研工作应涵盖多个维度,包括养护作业的效率、成本、质量,以及养护资源的分配和利用情况。通过实地考察、问卷调查、专家访谈等多种方式,收集第一手资料,为后续的规划提供坚实的数据支撑。在充分掌握现状的基础上,结合行业发展趋势和先进经验,制定详细的监控体系构建规划。规划内容应涵盖监控体系的总体架构、功能模块、技术路线、实施步骤、预期效果等多个方面,确保监控体系的构建既有前瞻性,又具备可操作性。

2. 监控执行

监控执行是高速公路养护质量智慧化监控体系构建的最终落脚点,也是实现养护质量提升的关键环节。在这一阶段,决策支持层根据数据分析结果制订的养护计划、资源配置方案等指令,将被准确、及时地传达养护作业现场。通过智能化的监控手段,如远程监控摄像头、无人机巡检等,对养护作业进行实时监控,确保养护作业按照计划有序进行,同时及时发现并纠正作业过程中的偏差。执行过程中,应充分利用物联网技术实现养护作业的精准定位、跟踪和记录,确保养护作业的质量可追溯。同时,通过云计算平台,将养护作业的数据实时上传至数据中心,进行统一管理和分析,为后续的养护工作提供数据支持。此外,还应建立有效的反馈机制,及时收集养护作业现场的信息和问题,为决策支持层提供调整和优化养护计划的依据。监控执行阶段还应注重人员的培训和管理,确保养护人员能够熟练掌握智能化监控设备的使用和维护方法,提高养护作业的效率和质量。通过构建科学、高效的监控执行体系,确保高速公路养护质量智慧化监控体系能够真正落地生根,为高速公路的安全、畅通提供有力保障。

(三)体系应用

构建完善的高速公路养护质量智慧化监控体系,能够实现对养护质量的全方位、实时监控与预警。这一体系如同高速公路的智慧大脑,通过集成先进的传感器、物联网技术和数据分析算法,能够精准捕捉道路表面的微小变化,及时发现潜在的道路病害和异常情况。如果监测到异常,系统会立即触发预警机制,通知养护人员迅速响应,有效缩短病害处理的时间窗口。同时,运用养护质量评估模型,体系能够对养护作业的效果进行客观、精准的量化评估,为养护决策提供科学依据。基于这些翔实的数据分析结果,养护管理部门能够制订出更加科学、合理的养护管理计划,优化资源配置,提高养护作业的效率和质量。这样一来,不仅确保了高速公路的安全畅通,还延长了道路的使用寿命,为公众提供了更加优质、高效的出行体验。

第四节 智慧化养护模式的推广策略与效益分析

一、高速公路智慧化养护模式的推广策略

(一)建立示范项目

在推广高速公路智慧化养护模式的过程中,示范项目不仅是对智慧化养护理念和实践的集中展示,更是推动这一模式广泛应用的重要手段。选择具有代表性的高速公路路段作为示范点,意味着这些路段应能充分反映高速公路养护的普遍需求和痛点,同时具备一定的技术基础和设施条件,以便更好地实施智慧化养护。示范项目的建设应围绕智慧化养护的核心要素展开,包括但不限于智能监测系统的部署、数据分析平台的建设、养护决策支持系统的开发等。通过实时监测道路状况、预测养护需求、优化养护资源分配,示范项目能够直观地展示智慧化养护模式在提高养护效率、降低成本、提升道路安全等方面的显著优势。此外,示范项目还应注重经验的总结和分享,通过组织现场观摩、技术交流会等形式,将成功经验和实践案例传播给更多从业者,为其他高速公路项目提供可复制、可推广的智慧化养护解决方案。

(二)建立产学研合作机制

高校和科研机构拥有雄厚的科研实力和丰富的学术资源,是新技术、新理论的重要发源地;企业更贴近市场,对养护需求和技术应用有着深刻的理解。

通过建立紧密的产学研合作机制,可以充分发挥各方优势,形成协同创新、共同发展的良好局面。合作机制应涵盖技术研发、成果转化、人才培养等多个方面。在技术研发阶段,高校和科研机构可以为企业提供前沿的技术支持和理论指导,帮助企业攻克技术难关;在成果转化阶段,企业应积极将科研成果转化为实际应用,通过市场检验来不断完善和优化技术;在人才培养方面,产学研合作可以为行业培养一批既懂技术又懂管理的复合型人才,为智慧化养护模式的推广提供有力的人才保障。此外,合作机制还应注重知识产权的保护和分享,确保合作各方的合法权益得到充分保障。

(三)加强宣传

加强宣传是提升高速公路智慧化养护模式认知度和接受度的重要途径。通过举办论坛、展览、研讨会等活动,可以吸引行业内外的广泛关注,为智慧化养护模式的推广营造良好的舆论氛围。这些活动不仅应面向行业专家、学者和从业者,还应面向广大公众,以提高社会对智慧化养护的认识和理解。在宣传内容上,应重点突出智慧化养护模式的优势和成效,如提高养护效率、降低养护成本、提升道路安全等。同时,还应通过具体案例和数据来支撑这些优势,使宣传内容更加生动、有说服力。在宣传方式上,除了传统的线下活动外,还应充分利用互联网和新媒体平台,通过线上线下的结合,扩大宣传的覆盖面和影响力。此外,还可以邀请行业内的知名专家和学者举办讲座或访谈,通过他们的权威性和影响力来进一步提升智慧化养护模式的知名度和认可度。

(四)加强合作与交流

1. 加强国际合作

在高速公路智慧化养护模式的推广过程中,加强国际合作是提升技术水平、拓宽视野、加速发展的关键途径。全球范围内,智慧交通与智慧养护已成为交通领域的发展新趋势,许多国家和地区在智慧化养护方面已积累了丰富的经验和先进的技术。因此,积极借鉴国际先进经验和技术,对于推动我国高速公路智慧化养护模式的完善与升级具有重要意义。为实现这一目标,应加强与国际组织和国外企业的合作与交流。一方面,可以积极参与国际智慧交通与智慧养护相关的研讨会、论坛和展览,了解国际最新的技术动态、发展趋势和成功案例,将国际先进理念和技术引入国内。另一方面,通过与国外企业建立战略合作关系,共同研发新技术、新产品,推动智慧化养护技术的国际化应用。此外,还可以邀请国际专家来华进行技术交流和培训,提升我国养护人员的专业技能和国际化视野,为智慧化养护模式的国际化发展奠定坚实基础。通过加强国际合作,不仅能够快速提升我国高速公路智慧化养护的技术水平,还能够促进国际的技术交流与合作,共同推动全球智慧交通事业的发展。

2. 建立行业交流平台

在高速公路智慧化养护模式的推广过程中,建立行业交流平台是促进行业内信息共享、经验交流、协同创新的重要举措。随着智慧化养护技术的不断发展,行业内的新技术、新产品、新理念层出不穷,亟须一个高效、开放的交流平台来促进这些信息的传递与共享。为此,应依托行业协会、科研机构或龙头企业,建立高速公路智慧化养护行业交流平台。该平台可以定期举办行业论坛、技术研讨会、产品展示会等活动,为行业内的企事业单位、专家学者提供一个面对面交流的机会。通过这些活动,不仅可以及时传递最新的技术动态和政策信息,还能够促进不同单位之间的经验交流和合作,共同探索智慧化养护的新模式、新方法。同时,行业交流平台还可以建立线上信息库和专家库,收集、整理和发布行业内的相关信息和资源,为行业内的企事业单位提供便捷的信息查询和咨询服务。通过线上线下相结合的方式,行业交流平台能够成为推动高速公路智慧化养护模式发展的重要力量,促进行业的共同发展和进步。

二、高速公路智慧化养护模式的效益分析

(一)经济效益分析

1. 降低养护成本

在高速公路养护领域,智慧化模式的引入为降低养护成本提供了新的途径。传统养护方式往往依赖于人工巡检,这不仅需要大量的人力资源,而且巡检周期较长,难以实现对道路状况的实时监测。而智慧化养护模式通过集成先进的传感器技术、物联网技术、大数据分析等,能够实现对高速公路的全方

位、实时监测。这种实时监测机制能够及时发现道路的潜在问题,如裂缝、坑洼、沉降等,并通过预警系统提前通知养护人员进行处理。智慧化手段的应用显著减少了人工巡检的频率,从而降低了人力成本。同时,能够提前发现并处理道路问题,避免了因问题恶化而导致的更大规模、更高成本的养护工作。此外,智慧化养护模式还能够通过数据分析,优化养护资源的分配,确保养护工作的高效、精准进行。这种资源优化不仅减少了养护材料的浪费,还提高了养护资金的使用效率,进一步降低了养护成本。因此,从长期来看,智慧化养护模式对于降低高速公路养护成本具有显著的经济效益。

2. 提高养护效率与质量

高速公路作为重要的交通基础设施,其养护工作的效率和质量直接关系到道路的通行能力和安全性。智慧化养护模式的引入,为提高养护效率与质量提供了有力的技术支撑。自动化、智能化的养护设备和技术是智慧化养护模式的核心。这些设备和技术能够精确控制养护作业的过程,确保养护工作的精准度和一致性。相较于传统养护方式,智慧化养护模式能够显著缩短养护周期。通过实时监测和数据分析,养护人员可以迅速定位需要养护的路段,并立即启动养护程序。智能化的养护设备能够高效地完成养护作业,如自动化路面修补机可以快速、准确地修补路面裂缝,而无须人工干预。这种高效、精准的养护方式不仅提高了养护效率,还确保了养护质量的一致性和可靠性。此外,智慧化养护模式还能够通过数据分析,对养护效果进行实时评估,为后续的养护工作提供科学依据。这种数据驱动的养护决策方式,能够确保养护工作的针对性和有效性,进一步提高养护质量和道路通行能力。因此,从提高养护效率与质量的角度来看,智慧化养护模式对于提升高速公路的整体运营效益具有显著的经济价值。

(二)社会效益分析

1. 降低交通事故的发生率

高速公路作为现代交通网络的重要组成部分,其安全性直接关系到广大司乘人员的生命财产安全。智慧化养护模式的引入,为提升高速公路的安全性提供了有力支撑。通过实时监测和数据分析,智慧化养护系统能够及时发现道路表面的病害,如裂缝、坑洼、剥落等,这些病害往往是引发交通事故的重要因素。一旦发现这些潜在风险,系统能够迅速做出反应,调度养护人员进行及时修复,从而有效避免了因道路状况不良而引发的交通事故。此外,智慧化养护模式还能对高速公路的交通流量、车辆速度、天气状况等多种数据进行综合分析,预测可能发生的交通拥堵或危险情况,并提前采取措施进行干预。例如,在恶劣天气或交通高峰期,通过智能调度系统调整信号灯配时、发布路况预警信息等方式,引导车辆合理规避拥堵路段,降低交通事故的发生概率。这种主动式的安全管理方式,不仅提高了高速公路的通行效率,更显著提升了道路的安全性,为公众出行提供了更加可靠的安全保障。

2. 改善通行条件

在传统养护模式下,道路病害的发现与处理往往存在滞后性,影响了高速公路的通行质量。而智慧化养护模式的实施,通过高精度的监测设备与智能分析系统,能够实现对道路状况的实时监控与精准评估。一旦发现道路出现异常,养护人员能够迅速响应,进行及时有效的修复,确保高速公路始终保持良好的通行状态。智慧化养护还注重提升公众的出行体验。通过智能化的交通信息系统,驾驶员可以实时获取前方路况、施工信息、天气状况等关键信息,从而做出更加合理的出行决策。同时,智慧化养护模式下的高速公路,通过优化交通标志标线、改善道路照明、提升绿化景观等措施,为驾驶员提供了更加舒适、美观的通行环境。这些举措不仅提高了车辆的通行效率,还显著提升了公众的出行满意度,满足了人民群众日益增长的出行需求。

(三) 高速公路智慧化养护模式的环境效益分析

1. 减少资源浪费

传统养护方式往往基于经验或固定周期进行养护,这往往导致养护工作的盲目性和不精确性。而智慧化养护模式则通过集成先进的监测技术和数据分析方法,能够实时、准确地掌握道路的实际状况,如路面磨损程度、裂缝分布、桥梁结构健康状态等。基于这些精准数据,养护管理部门能够制订更加科学、合理的养护计划。智慧化系统能够预测道路的未来状况,评估养护的紧迫性和优先级,从而避免不必要的养护。这种按需养护的策略不仅减少了养护材料的浪费,还降低了养护过程中的能源消耗和人力投入。此外,智慧化养护还能够通过优化养护资源的分配,如合理安排养护车辆和人员的调度,进一步提高资源利用效率。因此,从减少资源浪费的角度来看,智慧化养护模式对于提升高速公路养护工作的环境友好性具有重要意义。

2. 推进智慧化养护模式朝着绿色方向发展

高速公路养护行业的绿色发展是当前社会可持续发展的重要组成部分。智慧化养护模式的引入,为这一行业的绿色转型提供了有力支撑。在智慧化养护模式下,环保、节能的养护材料和技术得到了广泛应用。例如,采用环保型路面修补材料可以减少有害物质的排放,降低对环境的污染;使用节能型养护设备能够减少能源消耗,降低碳排放。此外,智慧化养护模式还强调生态保护和恢复。在养护过程中,智慧化系统能够实时监测生态环境的变化,如植被覆盖率、水土流失情况等,为生态恢复工作提供科学依据。智慧化养护模式通过采用生态友好的养护方法和技术,如植被恢复、水土保持等,有助于维护高速公路沿线的生态平衡。更重要的是,智慧化养护模式还能够通过数据分析和预测,优化养护方案,减少对环境的影响。例如,通过精确预测养护时间和地点,可以减少对交通的干扰,降低因养护工作而产生的噪声和空气污染。因此,智慧化养护模式不仅提高了养护工作的效率和质量,还推动了高速公路养护行业朝着更加绿色、可持续的方向发展。

第六章 高速公路智慧化应急管理体系构建

第一节 应急响应机制的智慧化设计与优化

一、高速公路应急响应机制的智慧化设计

(一)集成先进的信息技术

1. 信息化技术的深度融合

信息化技术是智慧化设计的基础。通过深度融合物联网、大数据、云计算等信息化技术,我们可以构建一个覆盖高速公路全路段、全时段的监控网络。这个网络能够实时收集并传输交通流量、车速、车型、天气状况等关键路况信息,为应急响应机制提供全面、准确的数据源。物联网技术的应用,使得传感器、摄像头等监控设备能够实时感知高速公路上的各种变化。这些设备被部署在关键路段和节点,能够捕捉到车辆行驶轨迹、速度变化、异常停车等细微动作,为及时发现和处理交通事件提供有力支持。而大数据技术的引入,则使得这些海量数据能够被有效存储、处理和分析。通过对历史数据的挖掘和模型训练,我们可以预测未来交通流量的变化趋势,提前发现潜在的交通拥堵和事故风险,为应急响应提供预警信息。

2. 人工智能技术的辅助决策

人工智能技术在智慧化设计中发挥着至关重要的作用。通过机器学习、深度学习等算法,我们可以对收集到的路况信息进行智能分析,自动识别交通事件并评估其严重程度。例如,当发生交通事故时,人工智能系统能够迅速识别事故车辆、位置、时间等信息,并自动匹配相应的应急资源配置计划和应急响应计划。这大大缩短了应急响应的时间,提高了救援效率。同时,人工智能

系统还能够根据历史数据和实时路况,预测未来可能发生的交通事件,并提前制定预防措施。这种前瞻性的决策支持,有助于降低交通事故的发生概率,保障高速公路的安全畅通。

(二)构建智能化的应急响应系统

1. 智能化应急响应平台的设计

智能化应急响应平台是整个应急响应系统的核心。该平台应具备自动识别和确认交通事件的能力,能够实时接收并处理来自监控网络的各类信息。平台的设计应遵循易用性、可靠性和可扩展性的原则。易用性意味着平台界面应简洁明了,操作便捷,方便应急响应人员快速上手。可靠性要求平台能够稳定运行,不受外界干扰,确保应急响应的及时性和准确性。可扩展性则意味着平台能够随着业务需求的增长而不断升级和完善。在平台上,应实现交通事件的自动识别和分类。通过设定一定的阈值和规则,系统能够自动判断交通事件的严重程度和类型,如轻微事故、严重事故、交通拥堵等。这有助于应急响应人员快速了解事件情况,制定相应的应对措施。

2. 快速报告与响应机制的建立

智能化应急响应平台还应具备快速报告和响应的能力。当发生交通事件时,平台应能够迅速向上级主管单位报告事件情况,包括事件时间、地点、类型、严重程度等关键信息。同时,平台应能够自动匹配相应的应急资源配置计划和应急响应计划。这些计划是根据不同类型的交通事件和严重程度制订的预案,包括救援队伍、救援设备、救援路线等具体内容。通过平台的自动匹配功能,可以大大缩短应急响应的准备时间,提高救援效率。此外,平台还应支持与其他相关部门的协同作战。在应急响应过程中,往往需要多个部门的共同参与和协作。通过平台的信息共享和协同功能,可以实现不同部门之间的无缝对接和高效配合,确保应急响应的顺利进行。

(三)实现跨地区、跨部门的协同作战

1. 建立统一的指挥调度系统

在当今复杂多变的社会环境中,应急事件的快速响应与高效处理成为考

验政府及社会各部门协同能力的重要指标。为实现这一目标,建立统一的指挥调度系统显得尤为重要。该系统作为跨地区、跨部门协作的基石,旨在打破地域与行政界限,构建一个高效、有序的信息共享与指挥平台。统一的指挥调度系统需集成先进的信息技术,如云计算、大数据、物联网等,以确保信息的实时传输与处理。系统应具备强大的数据整合能力,能够汇聚来自不同地区、不同部门的相关信息资源,包括但不限于气象预警、地质灾害监测、交通状况、医疗资源分布等,为决策提供全面、准确的数据支持。同时,系统还需设计灵活的组织架构,以适应不同应急事件对指挥层级、响应速度的需求,确保在紧急情况下能够迅速构建起上下联动、左右协调的指挥体系。通过这一系统,各级指挥员能够直观掌握全局态势,快速分析研判,制定出科学合理的应急处置方案。系统还应支持远程视频会议、在线指挥调度等功能,便于跨地域的决策者直接沟通,减少信息传递的中间环节,提高决策效率。

2. 实现信息共享与协同作战

信息共享意味着打破信息孤岛,让各部门、各地区能够及时获取并共享与应急事件相关的所有重要信息,包括事件性质、影响范围、发展趋势等,为快速响应提供全面、准确的信息基础。而协同作战则要求各部门、各地区在信息共享的基础上,根据各自的职责与专长,紧密配合,形成合力。这包括但不限于救援队伍的快速集结、物资的调配与供应、医疗救助的及时展开、交通管制的迅速实施等。通过指挥调度系统的统一调度,各部门能够明确各自的任务与责任,实现资源的优化配置与高效利用。此外,协同作战还强调预案的联合制定与演练。不同地区、不同部门应基于统一的指挥调度系统,共同制定应对各类应急事件的预案,并通过定期的联合演练,检验预案的可行性与协同作战的效率。这样,在真实事件发生时,各部门就能迅速进入角色,按照预案有序行动,最大限度地减少损失,保障人民生命财产安全。

二、高速公路应急响应机制的优化策略

（一）增强信息共享与透明度

1. 打破壁垒，融合数据

传统上，数据壁垒的存在，不同部门、不同系统间的信息往往难以互通，导致应急响应时信息滞后或缺失，严重影响了救援效率。因此，打破数据壁垒，实现多源异构数据的融合与利用，成为智慧化设计的必然选择。为了实现这一目标，需要构建一个高度集成的数据交换平台。这个平台不仅要能够接入来自监控设备、气象站、交警部门等多渠道的实时数据，还要具备强大的数据处理能力，能够将这些不同格式、不同标准的数据进行清洗、整合，转化为统一、可用的信息源。这样，无论是交通流量、车速、天气状况，还是交通事故、道路施工等动态信息，都能被及时、准确地捕捉到，并融入应急响应的决策过程中。而数据的融合与利用，不仅提高了应急响应的精准度，还极大地丰富了应急管理的信息维度。通过平台，可以对高速公路的运行状态进行全方位、多维度的分析，发现潜在的交通风险，提前制定预防措施。同时，这种数据的集中管理，也为后续的交通规划、道路维护等工作提供了宝贵的数据支持。

2. 实时发布，公众知晓

对于高速公路上的司乘人员来说，及时获取交通管制信息、路况提示等，是保障行车安全、避免拥堵的重要途径。因此，智慧化应急响应机制必须注重信息的实时发布和公众知晓率的提升。通过构建的信息发布平台，可以将整合后的路况信息、交通管制措施等，以最快的速度、最准确的方式传递给公众。这包括利用高速公路沿线的电子显示屏、广播系统，以及手机 App、社交媒体等多元化渠道，确保信息能够覆盖到每一个需要的人。而提高信息透明度，不仅有助于公众做出更加合理的出行决策，减少因信息不对称造成的交通拥堵和事故风险，还能增强公众对高速公路管理部门的信任和支持。当公众能够实时了解到高速公路的运行状况，感受到管理部门的积极作为，他们自然会更加配合和支持各项交通管理措施，共同营造一个安全、畅通的行车环境。

(二)提高应急响应效率

1. 优化应急响应流程

传统的应急响应流程往往因环节繁多、信息传递不畅而导致响应速度缓慢,甚至错失最佳救援时机。因此,必须对现有流程进行精简与优化,剔除不必要的环节,减少决策与执行之间的时间延误。优化流程的关键在于明确各环节的责任主体与行动规范,确保信息在各部门间快速、准确地传递。这要求我们在设计应急响应流程时,充分考虑实际情况,将复杂问题简单化,将模糊流程标准化。例如,可以制定详细的应急预案,明确不同应急事件下的响应级别、责任分工、行动步骤等,让每个人都清楚自己在应急响应中的角色与任务。同时,利用现代信息技术手段,如物联网、大数据等,实现对应急事件的实时监测与预警,为快速响应提供有力支持。此外,优化流程还包括建立有效的反馈机制,对响应过程中的问题与不足进行及时总结与改进。通过定期的应急演练与评估,检验流程的合理性与有效性,不断调整优化,确保在真实应急事件中能够迅速、有序地展开救援行动,最大限度地减少损失。

2. 实现救援资源的快速调配

提高应急响应效率,不仅在于优化流程,更在于实现救援资源的快速调配和高效协同。智能化的指挥调度系统为此提供了可能。通过集成先进的信息技术与算法,系统能够实时掌握各类救援资源的分布与状态,包括救援队伍、物资装备、医疗设施等,为快速调配提供准确依据。在应急事件发生时,系统能够迅速分析研判,根据事件性质、规模与影响,自动匹配最合适的救援资源与方案。通过智能化的调度算法,实现救援力量的最优配置,确保在最短时间内到达现场,展开救援行动。同时,系统还支持现场处置的高效协同,通过实时通信、定位追踪等功能,让各部门、各救援队伍能够紧密配合,形成合力,共同应对应急事件。此外,智能化的指挥调度系统还具备强大的数据分析能力,能够对救援过程中的数据进行实时采集与分析,为后续的应急响应提供宝贵经验。通过不断的学习与优化,系统能够逐渐提升应急响应的智能化水平,为构建更加高效、安全的应急管理体系提供有力支撑。

第二节 应急资源的智慧化整合与高效调配

一、人力队伍资源整合与高效调配

(一)提升人员素质

1. 建立定期培训机制

培训是提升人员素质的有效途径。针对指挥者和操作者的不同职责,培训时应设计差异化的培训内容。指挥者作为决策者,需要掌握全面的应急管理知识,包括应急响应流程、资源调配策略、决策分析方法等。操作者作为执行者,需要精通具体的救援技能,如事故现场处理、设备操作、伤员救护等。为此,应建立定期培训机制,确保指挥者和操作者能够持续更新知识、提升技能。培训可采用线上与线下相结合的方式,利用网络平台进行理论学习,通过实操演练加强技能掌握。同时,应邀请行业专家、资深救援人员授课,分享实战经验,提升培训效果。

2. 开展模拟演练

模拟演练是检验培训成果、提升应急响应能力的重要手段。通过模拟真实的事故场景,可以让指挥者和操作者在接近实战的环境中锻炼应急处理技能,熟悉应急响应流程。演练应涵盖各类可能的应急事件,如交通事故、自然灾害、危化品泄漏等。在演练过程中,要注重考查指挥者的决策能力和操作者的执行能力,以及两者之间的协同配合。同时,应设置评估指标,对演练效果进行量化评价,以便及时发现问题、改进不足。通过定期培训与模拟演练,可以显著提升人力队伍的应急响应能力和综合素质,为高效执行应急任务奠定坚实基础。

(二)优化队伍结构

1. 普及救护知识

在高速公路应急响应中,早期救护对受伤人员的生存和恢复至关重要。

然而,在实际中,首先到达现场的往往是没有受过正规救护训练的司乘人员或路政巡查人员。因此,对他们进行基础的救护知识普及尤为必要。救护知识普及应涵盖基本的急救技能,如心肺复苏、止血包扎、骨折固定等。可以通过举办讲座、发放宣传册、开展线上课程等方式进行普及。同时,应鼓励司乘人员和路政巡查人员主动学习救护知识,提高自救互救能力。对于交警、路政等部门人员,更应开展救护专业知识的培训。他们作为事故现场重要的救援力量,需要了解和掌握更高级的救护技能,以便在事故现场及时抢救和运送伤员,降低伤亡和损失。

2. 建设专项队伍

要实现执行系统的一体化管理,建设专项队伍是有效举措。针对某一条或某几条高速公路,可以建立专门的救援队伍,负责该区域的应急响应任务。这些队伍应由具备专业技能和丰富经验的人员组成,能够迅速响应、高效处理各类应急事件。专项队伍成员应具备相应的专业知识和技能,队伍应能够迅速集结、快速响应。并且队伍内部以及与其他救援力量之间应能够紧密配合、协同作战。例如,医疗部门可以设立针对高速公路交通事故的紧急服务队伍,负责伤员的现场救治和转运;消防部门可以设立针对危化品泄漏的专项救援队伍,负责事故现场的灭火和堵漏。通过建设专项队伍,可以实现应急资源的精准配置和高效利用,提升整体应急响应能力。此外,为了加强专项队伍的管理和协调,还应建立健全相关制度和机制。如制定专项队伍的组建标准、职责范围、管理流程等;建立与其他救援力量的联动机制,确保在应急响应时能够迅速形成合力;定期对专项队伍进行培训和演练,保持其战斗力和应急响应能力。

二、设备物资资源整合与高效调配

(一)加大设备物资投入,夯实应急基础

1. 提升救援装备水平

在高速公路应急管理体系中,设备物资资源作为救援行动的物质基础,其整合与高效调配直接关系到应急响应的效率和效果。面对高速公路快速发展带来的交通事件数量增加及危害程度提升,加大救援设备物资的投入显得尤为迫切。这不仅是对高速公路安全管理的基本要求,更是对人民群众生命财产安全的庄严承诺。而高速公路管理部门、公路公司及各级地方政府应深刻认识到救援设备物资的重要性,通过增加财政投入、引入社会资本等多种方式,大力提升救援车辆、燃料、医疗救助品等关键物资的配备水平。同时,应注重增加救援装备的专业性和科技性,引入先进的通信技术、定位技术、救援技术等,提高应急车辆、通信工具和操作人员防护装备的性能,确保在复杂多变的救援环境中能够迅速、准确地展开行动。

2. 强化物资储备与管理

建立完善的物资储备制度是保障应急物资充足、有效的重要途径。高速公路管理部门应结合实际情况,科学规划物资储备库的布局和规模,确保在关键时刻能够迅速调集所需物资。在物资储备库的建设中,应全面考虑各类交通事故处置所需的各种物资,特别是紧缺物资的储备要充足。同时,要加强物资的分类、储存、运输、调拨使用和回收管理,确保物资的安全、有效、可追溯。

(二)统一调配制度,优化资源配置

1. 建立统一调配机制

高速公路管理部门应牵头建立统一的应急物资调配机制,明确各部门、各单位的职责和权限,确保在应急事件发生时能够迅速、有序地调配资源。这一机制应包括物资需求申报、调配决策、物资运输、现场接收与分发等多个环节,形成闭环管理。同时,应加强与交通、医疗、消防、环保等部门的沟通协调,实现资源的共享与互补,提高整体救援效能。

2. 广泛动员社会资源

在应急管理中,社会资源是不可忽视的重要力量。高速公路管理部门应积极与社会各界建立合作关系,广泛动员和利用企业、社会组织、志愿者等社会资源参与应急救援工作。通过签订合作协议、建立应急联动机制等方式,将社会资源纳入应急管理体系中,形成政府主导、社会参与的应急救援格局。这不仅能够增加救援力量的多样性,还能提高救援行动的灵活性和响应速度。

(三)高效调配实践,构建快速响应体系

1. 实施物资储备与调配实战化

为了将设备物资资源整合与高效调配的理念落到实处,高速公路管理部门应积极推动物资储备与调配的实战化演练。通过定期举办应急演练活动,模拟真实的事故场景,检验物资储备库的运作效率、调配机制的流畅性以及救援队伍的实战能力。在演练中,要注重总结经验教训,不断优化物资储备与调配的流程和方法,提高应急响应的效率和准确性。同时,应加强对物资储备库的日常管理和维护,确保物资的完好率和可用性。通过定期盘点、检查、更新等方式,保持物资的充足和有效。对于易耗品和过期物资,要及时进行补充和更换,确保在关键时刻能够发挥出最大的效用。

2. 组建待命机制,缩短响应时间

为了进一步提高应急响应速度,高速公路管理部门应建立救助人员、车辆的组建待命机制。除常规配备一定数量的人员和车辆外,还应根据道路预测、预警情况,动态调整待命人员和车辆的数量和分布,确保在突发事件发生时,能够迅速组建起合适的救援队伍,缩短应急响应时间。待命机制的建立需要各部门、各单位的密切配合和协作。高速公路管理部门应加强与交通、医疗、消防等部门的沟通协调,共同制定待命机制的具体方案和实施细则。同时,要加强对待命人员的培训和演练,提高他们的应急反应能力和专业技能水平。通过不断优化待命机制,确保在关键时刻能够迅速、有效地应对各类突发事件。

三、信息技术资源整合与高效调配

(一)强化信息网络维护与管理,确保信息流通高效

在高速公路应急资源的智慧化整合中,信息网络的维护与管理至关重要。这不仅关乎基础信息模块的及时更新与准确传递,如恶劣天气预警、道路实时状况、车流密度等,更是事件信息模块高效运行的核心。事故地点的精确定位、决策指令的迅速下达、处理进程的实时反馈、人员伤亡及财产损失的详细

记录,以及救援人员与车辆的准备情况,均依赖一个稳定、高效的信息网络。因此,必须加强对信息网络的日常维护,确保其稳定运行,同时不断优化管理流程,提升信息处理效率。通过加强监控与通信系统的维护,确保所有信息交流快速、无误,为应急响应提供坚实的信息支撑。

(二)推进监控技术革新,实现多维化空间监控

随着科技的进步,高速公路的监控方式正逐步从传统的单一方位监控向多维空间监控转变。航空监控等新型监控途径的引入,极大地拓宽了监控视野,提高了监控精度。电子摄像、闭路电视与能见度检测仪等传统监控设备虽仍发挥重要作用,但已难以满足现代高速公路应急管理的需求。因此,应积极探索并应用新型监控技术,如无人机巡检、卫星遥感监测等,构建全方位、立体化的监控体系。同时,加强监控数据的整合与分析,利用大数据、云计算等先进技术,提升监控数据的利用价值,为应急决策提供科学依据。

(三)深化地理信息系统应用,加强跨部门协作

地理信息系统(GIS)在高速公路应急管理中发挥着举足轻重的作用。它以地理坐标为骨干,集信息采集、存储、管理、分析与空间展示于一体,为应急响应提供了强大的信息支持。通过GIS平台,可以直观地展示事故现场情况,快速生成救援方案,并实时跟踪救援进展。因此,应进一步深化GIS在高速公路应急管理中的应用,提升其智能化、精准化水平。同时,加强与化工、环保、科研等专业技术部门的常规协作,建立稳定的信息沟通和技术支持渠道。在涉及化学品泄露、有毒物污染等复杂事件时,能够迅速获取专业指导和技术支持,确保应急响应的科学性、有效性。通过跨部门协作,形成应急管理的合力,共同守护高速公路的安全与畅通。

第三节　应急演练与培训的智慧化组织与实施

一、高速公路智慧化应急演练的组织

(一)数字化应急演练平台的构建

1. 数字化模拟打造逼真演练环境

在高速公路智慧化应急演练的组织过程中,数字化应急演练平台的核心功能之一便是实现演练场景的数字化模拟。通过集成先进的计算机图形技术、虚拟现实(VR)和增强现实(AR)技术,平台能够模拟出各类突发事件场景,如交通事故、自然灾害、危化品泄漏等,为参演人员提供一个高度逼真的演练环境。这种数字化模拟不仅还原了事件现场的视觉和听觉效果,还能根据演练需求调整事件规模、影响范围等参数,使得演练更加贴近实战,有效提升参演人员的应急反应能力和处置技能。

2. 实时监控确保演练过程高效有序

数字化应急演练平台还具备实时监控功能,通过物联网技术、大数据分析和云计算等技术的融合应用,对演练过程进行全面、实时的监控。平台能够实时追踪参演人员的行动轨迹、记录应急响应时间、监测设备状态等关键信息,并实时反馈至指挥中心。这种实时监控不仅有助于指挥人员及时发现问题、调整演练策略,还能确保演练过程的高效有序进行。同时,实时监控数据也为后续的演练效果评估提供了客观、准确的依据。

3. 智能分析助力演练效果不断优化

数字化应急演练平台的一大亮点是其智能分析能力。平台能够自动收集、整理和分析演练过程中产生的各类数据,包括参演人员的行动数据、设备状态数据、演练环境数据等。通过运用机器学习、数据挖掘等先进技术,平台能够深入挖掘数据背后的规律和问题,为演练效果的评估提供科学依据。此外,平台还能根据分析结果提出改进建议,帮助优化应急预案、提升应急响应效率,从而不断提升高速公路应急管理的智慧化水平。通过数字化应急演练平台的构建与运用,我们能够更有效地组织和实施高速公路应急演练,为保障道路交通安全奠定坚实基础。

(二)跨部门协同机制的建立

1. 智慧化手段促进跨部门协同机制构建

在高速公路智慧化应急演练的组织实践中,跨部门协同机制的建立是确保演练高效有序进行的关键。智慧化技术的引入,为这一机制的构建提供了强有力的支撑。通过搭建统一的信息化平台,各部门能够实时共享演练信息,包括演练计划、任务分配、进度安排等,从而有效避免了信息不对称导致的协作障碍。这一平台不仅提升了信息传递的效率,还确保了信息的准确性和完整性,使得各部门在演练前能够充分沟通、明确职责,为后续的协同作战奠定坚实基础。同时,智慧化手段还便于对演练过程进行实时监控和数据分析,及时调整演练策略,确保演练目标得以实现。

2. 统一演练计划与任务分配确保协同效率

跨部门协同机制的核心在于制订统一的演练计划与任务分配。在高速公路应急演练中,由于参与部门众多,承担的角色和任务各不相同,因此必须有一个全局性的演练计划来统筹协调。这一计划应明确演练的目标、时间、地点、参与人员及物资准备等关键要素,并通过智慧化平台向各部门发布。同时,根据各部门的职责和能力,合理分配演练任务,确保每个部门都能在其专业领域内发挥最大效能。通过统一的计划和任务分配,各部门能够清晰地了解自己的职责和任务,从而在演练中做到有的放矢、紧密配合,提高协同作战的效率。

3. 协调演练进度与资源整合提升应急响应能力

在跨部门协同机制下,协调演练进度与资源整合是提升应急响应能力的关键。智慧化平台能够实时跟踪各部门的演练进度,及时发现并解决协同过程中暴露出的问题和矛盾。通过定期召开协调会议,各部门可以就演练中的难点和痛点进行深入交流,共同商讨解决方案,确保演练能够顺利进行。同时,智慧化手段还促进了演练资源的整合,包括人力、物力、财力等各方面的资源。通过合理调配资源,避免了资源浪费和重复建设,提高了资源的使用效率。在紧急情况下,这种高效协同和资源整合能力将转化为强大的应急响应能力,为高速公路的安全运营提供有力保障。

(三) 智能化应急预案的制定

1. 智能化应急预案是高速公路应急管理新篇章

在高速公路智慧化应急演练的组织过程中,智能化应急预案的制定成为一项核心任务。这一预案的制定,不再仅仅依赖人工经验和直觉,而是基于历史数据和实时信息,借助大数据分析、人工智能等前沿技术手段,实现了应急预案的智能化和精准化。通过收集和分析历史突发事件的数据,智能化应急预案能够总结出各类事件的规律和特点,为预案的制定提供科学的依据。同时,结合实时信息,如路况、天气、车流量等,预案能够动态调整应急响应策略和处置措施,确保在突发事件发生时,能够迅速、准确地做出反应。智能化应急预案的制定,不仅提高了应急响应的针对性和有效性,还大大缩短了应急响应的时间;在突发事件发生时,预案能够自动选择最优的应急响应策略,迅速调动相关资源和力量,进行高效的处置和救援。这种智能化的应急管理方式,为高速公路的应急管理注入了新的活力,提升了应急管理的水平和效率。

2. 大数据分析支撑是智能化应急预案的科学基础

在智能化应急预案的制定过程中,大数据分析发挥着至关重要的作用。通过对历史突发事件数据的深入挖掘和分析,大数据分析能够揭示出各类事件的内在规律和关系,为预案的制定提供科学的依据和支撑;帮助管理者全面了解突发事件的类型、规模、影响等因素,以及这些因素之间的相互作用和关系。通过对这些数据的深入剖析,管理者能够更加准确地判断突发事件的性质和发展趋势,从而制定出更加合理、有效的应急响应策略和处置措施。同时,大数据分析还能够对预案的执行效果进行实时评估和反馈。通过对比预案执行前后的数据变化,管理者能够及时了解预案的执行情况和存在的问题,为预案的持续优化和改进提供有力的数据支持。

3.人工智能赋能是智能化应急预案的智慧核心

人工智能技术的引入,为智能化应急预案的制定和实施提供了强大的智力支持。通过人工智能技术的应用,预案能够自动识别和分析突发事件的关键信息,快速生成最优的应急响应策略和处置措施。人工智能技术还能够对预案进行智能模拟和演练。通过模拟不同类型的突发事件和应急响应场景,人工智能技术能够检验预案的合理性和有效性,发现潜在的问题和不足,为预案的完善和优化提供有力的支持。此外,人工智能技术还能够实现预案的自主学习和不断进化。通过不断学习和积累应急响应的经验和知识,预案能够逐渐提高应急响应的智能化水平,更加精准地应对各类突发事件,为高速公路的应急管理提供更加坚实、有力的保障。

二、高速公路智慧化应急培训的实施

(一)线上培训资源的整合与利用

1.整合多元线上资源,构建全面培训体系

在高速公路智慧化应急培训的实施过程中,线上培训资源的整合是提升培训效果的关键一环。通过整合网络课程、教学视频、在线模拟等多种线上资源,我们可以为参训人员构建一个全面、系统的培训体系。网络课程以其灵活性和多样性著称,能够涵盖应急管理的各个方面,从基础知识到专业技能,应有尽有。教学视频以其直观性和生动性受到广泛欢迎,通过实景拍摄或动画演示,让参训人员更加直观地了解应急知识和技能。在线模拟通过模拟真实场景,让参训人员在虚拟环境中进行实战演练,提升应急反应能力和处置技能。这些线上资源的整合,不仅丰富了培训内容,还提高了培训的灵活性和覆盖面,使得参训人员能够随时随地学习,不受时间和空间的限制。

2.优化线上培训方式,提升培训效果与效率

线上培训资源的整合为高速公路智慧化应急培训提供了坚实的基础,但如何优化线上培训方式,提升培训效果与效率,则是我们需要进一步思考的问题。一方面,可以利用大数据和人工智能技术,对参训人员的学习行为和进度

进行实时跟踪和分析,从而为他们提供个性化的学习推荐和辅导。这种智能化的培训方式能够根据参训人员的实际情况,调整学习内容和难度,确保每个人都能够有所收获。另一方面,我们还可以通过线上互动和协作,促进参训人员之间的交流与合作。通过建立在线讨论区、学习小组等方式,鼓励参训人员分享学习心得、交流经验,共同解决学习中遇到的问题。这种互动式的培训方式不仅能够增强参训人员的学习动力,还能培养他们的团队协作能力和应急响应时的协同作战能力。

通过整合多元线上资源和优化线上培训方式,可以为高速公路智慧化应急培训打造出一个高效、便捷、全面的培训体系。这个体系不仅能够满足参训人员的学习需求,还能提升他们的应急反应能力和处置技能,为高速公路的安全运营提供有力保障。同时,线上培训资源的整合与利用也有助于推动应急培训工作的智慧化、现代化进程,为构建更加完善的高速公路应急管理体系贡献力量。

(二)虚拟现实(VR)技术的应用

1. VR 技术引领高速公路智慧化应急培训新风尚

在高速公路智慧化应急培训的浪潮中,虚拟现实(VR)技术的引入无疑为培训模式带来了颠覆性的变革。这一技术以其独特的沉浸式体验,让参训人员仿佛置身于真实的突发事件现场,从而极大地提升了培训的针对性和实效性。通过 VR 技术,我们可以精准地模拟出各种复杂多变的应急场景,如交通事故、火灾、恶劣天气等,使参训人员在无须承担实际风险的情况下,就能获得宝贵的应急处理经验。这种身临其境的培训方式,不仅激发了参训人员的学习兴趣和参与度,更在潜移默化中提升了他们的应急反应能力和处置技能,为高速公路的安全运营筑起了一道坚实的防线。

2. VR 技术助力应急演练场景模拟与技能提升

传统的应急演练往往受限于场地、设备等因素,难以涵盖所有可能的应急情况。而 VR 技术则打破了这一局限,它能够根据培训需求,灵活构建出各种复杂多变的应急场景。参训人员在这些虚拟场景中,可以像在实际工作中一样,进行应急响应、资源调配、人员疏散等操作,从而全面锻炼他们的应急处理能力和团队协作能力。此外,VR技术还能够实时记录和分析参训人员的操作数据,为他们提供个性化的反馈和改进建议,助力技能水平的持续提升。

3. VR技术融合智慧化培训,打造高效应急响应体系

在高速公路智慧化应急培训的框架下,VR技术与智慧化培训平台的深度融合,为打造高效应急响应体系提供了有力支撑。通过VR技术模拟的应急场景,可以与智慧化培训平台上的其他功能模块(如知识库、案例分析、在线测试等)相结合,形成一套完整的培训体系。参训人员不仅可以在虚拟环境中进行实操演练,还可以通过平台获取丰富的应急知识和案例经验,进一步拓宽视野、提升素养。同时,智慧化培训平台还能够对参训人员的培训成果进行综合评估,为后续的培训和实战提供科学依据。这种VR技术与智慧化培训的有机结合,不仅提高了培训的效率和效果,更为高速公路应急响应体系的完善和优化奠定了坚实基础。

(三)人工智能辅助培训

1. 人工智能辅助培训是高速公路应急培训的新模式

在高速公路智慧化应急培训的实施过程中,传统培训方式往往采用一刀切的教学内容和方法,难以满足参训人员个性化的学习需求。而人工智能技术,如智能问答系统、个性化学习推荐等,为参训人员提供了更加精准、高效的培训服务。

智能问答系统能够实时解答参训人员在培训过程中遇到的问题,帮助他们及时消除疑惑,提高学习效率。同时,个性化学习推荐系统则根据参训人员的学习进度、掌握程度等因素,智能推荐适合他们的学习内容和练习题目,确保每位参训人员都能够得到最适合自己的培训。这种以人工智能技术为辅助的培训模式,不仅提高了培训效果和学习效率,还增强了参训人员的学习积极性和主动性。他们可以根据自己的实际情况和需求,灵活选择学习内容,实现个性化学习,为高速公路应急管理工作提供更加有力的人才支持。

2. 智能推荐系统是提升培训效果的得力助手

在高速公路智慧化应急培训中,智能推荐系统发挥着至关重要的作用,能够根据参训人员的学习数据,如学习进度、掌握程度、练习成绩等,进行深度分析和挖掘,从而精准推荐适合每位参训人员的学习内容和练习题目。这种个性化的推荐方式,避免了传统培训中一刀切的教学内容和方法带来的弊端。参训人员可以根据自己的实际情况和需求,选择最适合自己的学习路径,提高学习效率。同时,智能推荐系统还能够根据参训人员的学习反馈,不断优化推荐算法,提高推荐的准确性和有效性。而智能推荐系统的应用,不仅提升了培训效果,还增强了参训人员的学习体验和满意度,使他们能够更加自主地掌握学习进度,享受个性化学习带来的乐趣和成就感。

3. 智能问答系统即时解答疑惑,助力应急培训

在高速公路智慧化应急培训中,传统培训方式中,参训人员在遇到问题时,往往需要等待教师或专家的解答,这不仅影响了学习效率,还可能因为问题得不到及时解决而影响学习效果。而智能问答系统的引入,则彻底改变了这一状况。它能够实时接收并处理参训人员提出的问题,通过自然语言处理和知识图谱等技术手段,快速给出准确、权威的答案。这种即时解答的方式,不仅提高了学习效率,还增强了参训人员的学习信心和积极性。智能问答系统的应用,为高速公路应急培训提供了更加便捷、高效的学习支持。参训人员可以随时随地向系统提问,获得即时反馈和解答,为应急管理工作的顺利开展奠定了坚实的基础。

第四节 应急管理体系的智慧化效果评估与改进方向

一、高速公路应急管理体系的智慧化效果评估

(一)响应时间缩短

在高速公路应急管理体系中,响应时间的缩短是衡量智慧化效果的重要指标之一。传统应急管理体系往往受限于信息传递速度慢、预警机制不健全等因素,导致在突发事件发生时,响应程序启动滞后,错失了最佳处置时机。而智慧化应急管理体系通过集成智能预警系统和快速响应机制,实现了对突

发事件的即时感知和迅速响应。智能预警系统能够实时监测高速公路的运行状态,一旦发现异常情况,立即触发预警信号,并通过高速通信网络迅速传递给相关部门和人员。同时,快速响应机制确保了在接到预警信号后,应急管理体系能够立即启动,调动相关资源进行处置,从而大幅缩短了响应时间,提高了应急管理的敏捷性和有效性。这种响应速度的提升,对于减少事故损失、保障人民生命财产安全具有重要意义。

(二)决策效率提升

在应急决策过程中,决策效率的高低直接关系到应急处置的成败。智慧化应急管理体系充分利用大数据分析和人工智能辅助决策技术,为决策者提供了准确、及时的数据支持,极大地提升了决策效率。大数据分析技术能够对海量数据进行挖掘和整理,提炼出有价值的信息,帮助决策者全面了解突发事件的来龙去脉,把握事态发展趋势。而人工智能辅助决策则能够基于历史数据和实时数据,运用算法模型进行预测和模拟,为决策者提供科学合理的决策建议。这些技术的运用,使得决策者在面对复杂多变的应急情况时,能够迅速做出准确判断,制定出行之有效的应急方案,从而有效提高了应急管理的决策效率和科学性。

(三)资源调配优化

在应急过程中,资源的调配和利用是关乎应急处置效果的关键因素。智慧化应急管理体系通过构建智能资源调配系统,实现了对各类应急资源的迅速、准确调配。这一系统能够实时掌握各类应急资源的分布情况和状态信息,包括救援队伍、救援物资、救援设备等。当突发事件发生时,系统能够根据事态的严重程度和应急处置的需求,自动或手动触发资源调配指令,将所需资源迅速调配到事发地点。同时,系统还能够对资源的使用情况进行实时跟踪和监控,确保资源得到高效利用。这种智能化的资源调配方式,不仅提高了资源利用的效率,还避免了资源的浪费和重复调配,为应急处置提供了有力的资源保障。

（四）协同作战能力增强

在高速公路应急管理体系中，不同部门、不同区域之间的协同作战能力是确保应急处置顺利进行的重要保障。智慧化应急管理体系通过加强信息共享、资源互通和行动配合，显著增强了协同作战能力。信息共享平台使得各部门能够实时获取突发事件的相关信息，包括事态发展、应急处置进展等，从而确保各部门在应急响应过程中保持高度一致。资源互通机制促进了各部门之间的资源共享和互补，提高了资源的整体利用效率。而行动配合方面，智慧化应急管理体系通过统一的指挥调度系统，实现了对各部门行动的精准指挥和协调，确保了各部门在应急处置过程中的紧密配合和高效协同。这种协同作战能力的提升，为高速公路应急管理体系的构建提供了坚实的支撑，也为应对未来可能出现的各种突发事件奠定了坚实的基础。

（五）公众满意度提升

1. 公众反馈是智慧化效果的直接体现

在高速公路应急管理体系的智慧化效果评估中，公众反馈作为最直接、最真实的效果体现，具有不可替代的重要性。通过多元化的渠道，如在线调查、热线电话、社交媒体等，我们可以广泛收集公众对应急管理工作的意见和建议。这些反馈不仅反映了公众对智慧化应急管理体系的认可度和满意度，更揭示了体系在实际运行中的优势和不足。公众的正向反馈，如对应急响应速度的赞赏、对救援效率的肯定，是对智慧化效果的有力证明；负面反馈，则为我们指出了改进的方向和重点。

2. 安全感增强是智慧化应急管理的核心目标

智慧化应急管理体系的构建，其核心目标之一就是提升公众的安全感。通过实时监测、智能预警、快速响应等一系列智慧化手段，我们能够更有效地预防和应对高速公路上的各类突发事件，从而显著降低事故发生的概率和危害程度。公众在感受到这些变化后，自然会对高速公路的出行环境产生更高的信任度和安全感。这种安全感的增强，不仅是对智慧化应急管理体系效果的直接反映，也是推动体系持续优化和升级的重要动力。

3.满意度提升是智慧化效果的最终归宿

一个高效、智能、人性化的应急管理体系,应该能够全方位满足公众的需求和期望。从应急知识的普及、预警信息的发布,到救援服务的提供、事后恢复的协助,每一个环节都应该体现出对公众的关怀和尊重。当公众在紧急情况下能够迅速得到帮助、在日常出行中能够感受到安全保障时,其自然会对整个应急管理体系给予高度评价。这种满意度的提升,不仅是对智慧化应急管理体系效果的全面肯定,也是对智慧化应急管理工作方向和目标的重要指引。

二、高速公路应急管理体系的改进方向

(一)加强信息系统建设

在高速公路应急管理体系中,信息系统的稳定性和数据传输效率直接关系到应急响应的及时性和有效性。针对评估中发现的信息共享不畅、数据传输延迟等问题,我们必须从源头抓起,加强信息系统建设。一方面,要优化网络架构,提升系统的容错能力和抗风险能力,确保在极端情况下信息系统仍能保持稳定运行。另一方面,要打破部门间的信息壁垒,实现数据的互联互通和共享共用。通过建立统一的数据标准和接口规范,促进不同系统间的数据交换和融合,为应急决策提供全面、准确的信息支持。此外,还应加强数据的安全防护,防止数据泄露或被恶意篡改,确保信息的真实性和可靠性。通过这些措施,我们可以显著提升信息系统的整体性能,为高速公路应急管理体系的高效运行提供有力保障。

(二)优化智能算法

在高速公路应急管理体系中,智能算法是辅助决策的重要工具。针对决策效率提升方面的不足,必须进一步优化智能算法,提高数据分析的准确性和及时性。一方面,要深入研究应急管理的业务逻辑和需求,结合实际情况对算法进行定制化开发,确保算法能够符合实际、解决问题。另一方面,要引入先进的机器学习和人工智能技术,提升算法的自主学习和自适应能力,使其能够根据实际数据的变化自动调整参数和模型,为决策者提供更加精准的数据支

持。此外,还应建立算法评估机制,定期对算法的性能进行测试和评估,及时发现并解决问题,确保算法始终保持在最佳状态。通过这些优化措施,我们可以显著提升应急决策的效率和准确性,为高速公路应急管理体系的科学精准处置提供有力支撑。

(三)完善资源调配机制

在高速公路应急管理体系中,资源的有效调配是确保应急处置顺利进行的关键。针对资源调配方面的问题,必须建立更加灵活、高效的资源调配机制。一方面,要完善资源管理制度,明确各类应急资源的归属、管理和使用权限,确保资源的合理配置和有效利用。另一方面,要建立资源调配的快速响应机制,通过信息化手段实现资源的实时调度和动态监控,确保在应急过程中能够迅速、准确地调配各类应急资源。此外,还应加强资源的储备和更新工作,根据实际需要不断补充和更新应急资源,确保资源的充足性和有效性。通过这些措施,我们可以显著提升资源的调配效率和响应能力,为高速公路应急管理体系的快速响应和有效处置提供有力保障。

(四)提升公众参与度

在高速公路应急管理体系中,公众的参与度和满意度是衡量体系效果的重要指标。针对公众满意度提升方面的需求,必须加强公众应急知识的宣传和教育,提高公众的自我防护意识和能力。一方面,要通过多种渠道和形式向公众普及应急知识,如举办讲座、发放宣传册、开展演练等,让公众了解应急管理的常识和技能。另一方面,要建立更加畅通的公众反馈渠道,及时回应公众关切和诉求,增强公众对应急管理工作的信任和支持。此外,还应鼓励公众积极参与应急管理工作,如成为志愿者、提供线索等,构建全民参与的应急管理体系。通过这些措施,可以显著提升公众的参与度和满意度,为高速公路应急管理体系的持续发展和社会和谐稳定奠定坚实基础。

第七章　高速智慧化建管养一体化数据平台

第一节　数据平台架构设计与技术选型

一、高速智慧化建管养一体化数据平台架构设计

(一)高速智慧化建管养一体化数据平台总体架构

1. 数据资源层

数据资源层作为高速智慧化建管养一体化数据平台的基石,承载着数据采集与预处理的重任。这一层级不仅关注结构化数据的规整录入,还涵盖了非结构化与半结构化数据的广泛搜集,如图像、视频、日志等多元数据类型。为了实现高效的数据处理,该层支持多种存储方式,包括但不限于分布式文件系统、对象存储等,以适应不同数据特性的存储需求。同时,数据资源层还提供了丰富的计算服务,如数据清洗、格式转换等预处理功能,确保进入后续流程的数据质量。通过构建这一强大而灵活的数据基础,为整个数据平台的高效运行奠定了坚实的基础,也为后续的数据分析与应用提供了源源不断的"燃料"。

2. 数据缓冲层

数据缓冲层在高速智慧化建管养一体化数据平台中扮演着加速器的角色,其核心任务是实现数据的分布式缓存与负载均衡。面对海量数据的实时处理需求,数据缓冲层通过部署高效的缓存机制,如 Redis、Memcached 等,将热点数据暂存于内存中,从而极大地缩短了数据读取时间,提升了系统响应速度。同时,负载均衡技术的运用确保了数据请求能够被均匀分配到各个处理节点,避免了单点过载,提高了整个系统的稳定性和处理能力。数据缓冲层的

存在，不仅优化了数据流转路径，还降低了系统对后端存储和计算的直接压力，是提升数据平台整体性能的关键一环。

3. 数据存储层

数据存储层是高速智慧化建管养一体化数据平台中数据持久化的核心所在，它形成了关系型与非关系型数据库的有机结合，为数据的存储与管理提供了坚实的基础。关系型数据库如 MySQL、PostgreSQL 等，以其强大的事务处理能力和数据一致性保障，成为结构化数据存储的首选。而对于非结构化或半结构化数据，如文档、图片、视频等，则采用 MongoDB、Cassandra 等非关系型数据库进行存储，以满足其灵活多变的数据模型需求。数据存储层通过合理的数据分区、索引设计以及备份恢复策略，确保了数据的安全性、可用性和可扩展性，为数据平台的长期稳定运行提供了有力支撑。

4. 数据分析服务层

数据分析服务层是高速智慧化建管养一体化数据平台中的"智慧大脑"。它通过建立适用于业务需求的统计分析模型，运用数据挖掘、深度学习等先进算法，深入挖掘数据的内在价值。这一层级不仅提供基础的数据统计与报表生成功能，更重要的是能够基于历史数据和实时数据，进行趋势预测、异常检测、关联分析等高级分析，为决策者做出决策提供科学依据。此外，数据分析服务层还支持自定义算法接入，鼓励创新与实践，不断拓宽数据分析的边界。通过这一层级的深度加工，原始数据被转化为有价值的信息和知识，为高速公路的建管养工作提供了强有力的智力支持。

5. 数据应用层

数据应用层作为高速智慧化建管养一体化数据平台的最终输出端，是连接数据与用户的桥梁。它基于数据查询、计算、分析、挖掘等底层功能，支撑起一系列应用系统和地图引擎，为高速公路管理者、营运者及出行者提供了丰富多样的应用服务。从清分结算、数据稽核等财务管理功能，到运行监测、车辆追踪等交通管理功能，再到通行计费、路况导航等出行服务功能，数据应用层覆盖了高速公路建管养的全生命周期。通过友好的用户界面和便捷的交互方式，数据应用层让数据不再是冷冰冰的数字，而是转化为能够解决实际问题、提升管理效率、优化出行体验的有用工具。这一层级的成功实施,标志着高速智慧化建管养一体化数据平台真正实现了从数据到价值的转化,为高速公路的智能化发展注入了强大动力。

(二)分布式架构

1. 分布式系统基础架构的选型

在高速智慧化建管养一体化数据平台的架构设计中,分布式系统基础架构的选型是至关重要的一环。这一选择不仅关乎平台的整体性能,还直接影响到后续的业务扩展、数据治理以及运维管理等多个方面。因此,在选型过程中,需综合考虑多种因素,确保所选架构能够满足平台当前及未来的需求。分布式系统基础架构的核心在于将原本集中式的计算、存储等资源分散到多个节点上,通过网络进行连接和通信,从而实现资源的共享和协同工作。这种架构模式具有显著的优势,如高可靠性、高扩展性、高效性和高容错性。在高速智慧化建管养一体化数据平台的场景下,这些优势尤为重要。对于高可靠性而言,分布式架构通过冗余设计,确保在部分节点出现故障时,其他节点能够迅速接管工作,保证平台的持续稳定运行。这对于高速公路这样需要全天候、不间断运行的基础设施来说,是至关重要的。高扩展性意味着平台能够随着业务的发展而轻松扩展。在分布式架构下,只需增加新的节点,即可实现计算、存储等资源的线性增长,无须对原有架构进行大规模改造。这为平台未来的升级和扩展提供了极大的便利。高效性体现在分布式架构能够充分利用多节点的并行处理能力,提高数据处理的吞吐量和响应速度。这对于处理海量数据、实现实时分析的高速智慧化建管养一体化数据平台来说,是提升用户体验和业务效率的关键。高容错性则通过数据冗余、故障切换等机制,确保在节点故障或数据丢失时,能够迅速恢复数据和服务,保证业务的连续性。这对数据安全和业务稳定性要求极高的高速公路行业来说,是不可或缺的。

2. 分布式架构在数据平台中的全方位服务

分布式架构在高速智慧化建管养一体化数据平台中发挥着至关重要的作用,为海量大数据提供接入、治理、存储、计算等全方位服务。这些服务共同构成了平台的核心功能,支撑着整个高速公路行业的智慧化转型和升级。在数据接入方面,分布式架构能够支持多种数据源和数据格式的接入,如物联网设备数据、业务系统数据、外部数据等。通过统一的接入接口和协议,实现数据的快速、准确采集,为后续的数据处理和分析提供基础。数据治理是确保数据质量、安全性和合规性的关键环节。分布式架构通过提供数据清洗、数据转换、数据校验等功能,实现对数据的全面治理。同时,通过元数据管理、数据字典等机制,确保数据的准确性和一致性,为业务决策提供可靠的数据支持。并且,分布式架构通过提供分布式计算框架和算法库,实现对海量数据的快速处理和深入分析。这些框架和算法库支持批处理、流处理、图计算等多种计算模式,能够满足不同业务场景的需求。同时,通过并行计算和分布式计算等技术,提高计算效率和响应速度,为业务决策提供及时、准确的数据支持。

(三)云边端协同架构

1. 云边端协同架构是高速智慧化建管养数据平台的创新基石

在高速智慧化建管养一体化数据平台的架构设计过程中,云边端协同架构的引入无疑是一次技术上的革新。这一架构模式巧妙地融合了云计算的强大计算能力与边缘计算的即时响应优势,为大数据应用场景提供了前所未有的高带宽、低时延、高可靠的实时处理分析服务。云端作为数据处理与分析的核心,承载着海量数据的存储、计算与智能分析任务。通过云计算平台,可以实现对高速公路各类数据的全面整合与深度挖掘,揭示出隐藏在数据背后的交通规律、设备状态与潜在风险。云端还负责提供强大的算法模型与数据分析工具,支持复杂的数据处理需求,为决策支持提供科学依据。边缘端以其贴近数据源头的地理优势,承担着数据预处理与实时响应的重任。在高速公路场景中,边缘设备如摄像头、传感器等实时采集大量数据,这些数据在边缘端进行初步处理与筛选,有效减轻了云端的处理压力。同时,边缘端还能根据预设规则进行实时决策与响应,如交通信号控制、紧急事件报警等,确保了高速公路的安全与畅通。此外,云边端协同架构通过高效的数据传输机制与智能的协同策略,实现了云端与边缘端之间的无缝对接与协同工作。这种架构模式不仅提高了数据处理的效率与准确性,还降低了系统对网络带宽与时延的依赖,为高速公路的智慧化建管养提供了坚实的技术支撑。

2. 云边端协同架构下的高速智慧化应用实践

在云边端协同架构的支撑下，高速智慧化建管养一体化数据平台得以实现一系列创新应用，极大地提升了高速公路的管理效率与服务质量。在交通监测与管理方面，通过边缘端实时采集的交通流量、车速、车辆类型等数据，结合云端的智能分析算法，可以实现对交通状况的实时监测与预测。这不仅有助于及时发现并解决交通拥堵问题，还能为交通规划与管理提供科学依据。在设备维护与故障预警方面，云边端协同架构也发挥了重要作用。边缘端设备可以实时监测高速公路各类设施的运行状态，如路面状况、桥梁结构安全等，并将数据上传至云端进行分析。如果发现异常或潜在故障，系统能够立即发出预警，为设备维护与抢修赢得宝贵时间。此外，云边端协同架构还为高速公路的应急响应与安全管理提供了有力支持。在紧急情况下，边缘端设备可以迅速响应并采集现场数据，云端则负责数据的快速处理与分析，为应急决策提供关键信息。这种协同工作模式不仅提高了应急响应的速度与准确性，还有效保障了高速公路的安全运行。

二、高速智慧化建管养一体化数据平台技术选型

（一）数据可视化技术

1. 数据可视化对于交通信息的直观展示

在高速智慧化建管养一体化数据平台中，数据可视化技术通过将复杂的交通数据转化为直观、易懂的图形图像，使得用户能够迅速把握交通状况的核心信息。其中，热力图是一种极为有效的可视化手段，它能够以色彩深浅来展示交通流量的密集程度，帮助用户一眼就识别出哪些路段或时段交通繁忙，哪些则相对冷清。这种直观的展示方式，对于交通管理部门来说，无疑是大有裨益的，它有助于及时发现并解决交通拥堵问题，提升道路通行效率。除了热力图，动态曲线图也是数据可视化技术中不可或缺的一部分。它通过连续的曲线来描绘车速、拥堵指数等关键指标随时间的变化趋势，让用户能够清晰地看到交通状况的动态变化过程。这种动态的展示方式，不仅让用户对交通状况有了更加全面的了解，还能够为他们提供更加精准的出行建议，从而有效规避

拥堵路段,节省出行时间。数据可视化技术的应用,不仅提升了数据的可读性和易用性,更在无形中增强了用户对数据平台的依赖和信任。它使得原本枯燥乏味的数据变得生动有趣,让用户在享受视觉盛宴的同时,也能够轻松获取到所需的信息。这种友好的用户界面设计,无疑为高速智慧化建管养一体化数据平台增添了更多的魅力和价值。

2. 用户界面设计是数据可视化的艺术呈现

在高速智慧化建管养一体化数据平台中,数据可视化技术的运用不仅仅是为了展示数据,更是为了打造一款用户友好、操作便捷的用户界面。设计团队深知,一个优秀的用户界面应该既美观又实用,既能够吸引用户的眼球,又能够引导他们轻松上手。为了实现这一目标,设计团队在数据可视化的艺术呈现上下了不少功夫。他们精心挑选了与交通主题相契合的色彩搭配和图标设计,使得整个界面看起来既专业又富有活力。同时,他们还巧妙地运用了布局和排版技巧,将各个数据可视化元素有机地组合在一起,形成了一幅幅生动的画面。在用户界面的交互设计上,设计团队也做得相当出色。他们通过合理的导航设计和操作逻辑,让用户能够轻松找到所需的功能和信息。无论是查看实时交通状况、分析历史数据,还是进行预测和规划,用户都能够通过简单的点击和拖拽操作来完成。这种人性化的设计思路,不仅提升了用户的使用体验,也进一步彰显了高速智慧化建管养一体化数据平台的专业性和创新性。

(二)云计算与边缘计算技术

1. 云计算技术是高速智慧化建管养平台的弹性引擎

在高速智慧化建管养一体化数据平台中,云计算技术扮演着至关重要的角色。它作为平台的弹性引擎,提供了几乎无限的计算和存储资源,确保各种应用能够高效、稳定地运行。云计算技术通过虚拟化技术,将物理硬件资源抽象成逻辑资源,实现资源的灵活分配与调度。在高速智慧化建管养场景中,这种弹性可扩展的能力尤为重要。随着交通流量的增长和管理需求的复杂化,平台需要快速响应并处理大量数据,云计算技术能够自动调整资源分配,确保平台始终保持高性能状态。同时,云计算技术还提供了高可用性和容错性保障,通过数据备份、负载均衡等机制,确保平台在面临突发情况时仍能稳定运行,为高速公路的智慧化建管养提供坚实的技术支撑。

2. 边缘计算技术是高速智慧化建管养平台的实时加速器

在高速智慧化建管养一体化数据平台中,边缘计算技术是实现数据就近处理、提高响应速度并减轻云端压力的关键。边缘计算技术将计算能力推向网络边缘,即数据产生的源头附近,从而减少了数据传输的延迟和带宽消耗。在高速公路场景中,边缘计算设备可以部署在收费站、服务区、隧道等关键位置,实时采集和处理交通流量、车辆状态、设备健康等数据。这些数据无须传输至云端即可在边缘端进行初步分析和处理,从而快速响应各种事件和需求。例如,当监测到交通事故或道路拥堵时,边缘计算设备可以立即触发预警机制,并通过与云端的协同工作,快速调配救援资源和调整交通信号,有效缓解交通压力。同时,边缘计算技术还能有效减轻云端的处理压力,使得云端能够更专注于复杂的数据分析和决策支持任务,进一步提升整个平台的运行效率和智能化水平。

(三)安全保障技术

1. 加密与权限管理是数据安全的基石

在高速智慧化建管养一体化数据平台的构建中,数据安全是首要考虑的因素。为了确保数据的机密性、完整性和可用性,平台采取了严密的加密技术和精细的权限管理措施。数据加密技术如同为数据穿上了一层隐形的盔甲,无论是在传输过程中还是在存储状态下,都能有效防止数据被非法窃取或篡改。通过采用先进的加密算法,如 AES、RSA 等,平台确保了数据在各个环节中的安全无忧。与此同时,权限管理作为数据安全的另一道防线,其重要性不言而喻。平台根据用户的角色和职责,设定了严格的访问权限。不同级别的用户只能访问与其工作相关的数据,而无法触及其他敏感或机密信息。这种细粒度的权限控制,不仅避免了数据泄露的风险,还提高了数据使用的合规性。通过加密与权限管理的双重保障,平台为用户的数据安全筑起了一道坚不可摧的防线。

2. 多重安全防护机制

除了数据加密和权限管理外,高速智慧化建管养一体化数据平台部署了多重安全防护机制,以进一步提升系统的整体安全性。网络隔离技术如同一道隐形的墙,将平台与外部网络隔离开来,有效阻止了来自外部的恶意攻击和病毒入侵。同时,主机防护系统如同平台的贴身保镖,实时监控并防御着各种针对主机的威胁,确保主机系统的稳定运行。而病毒查杀作为安全防护的重要一环,平台采用了先进的杀毒软件和更新机制,确保能够及时发现并清除各种病毒和木马。此外,访问控制策略的实施,更是对用户行为进行了严格的规范。无论是内部员工还是外部用户,都必须通过身份验证和授权才能访问平台资源,从而有效防止了非法访问和恶意操作。这些多重安全防护机制的共同作用,为高速智慧化建管养一体化数据平台打造了一个全方位、多层次的安全防护体系。在这个体系的保护下,平台不仅能够抵御各种已知和未知的安全威胁,还能够确保数据的完整性和业务的连续性,为用户提供一个安全、可靠的数据处理环境。

第二节　数据采集、存储与处理技术

一、数据采集技术应用

(一)多维度数据采集,全面感知高速公路状态

1. 传感器网络精准捕捉交通信息

传感器作为数据采集的核心设备,其种类和布局直接决定了数据采集的精度和广度。在高速智慧化平台中,地磁式传感器被广泛应用于交通流量的监测。它们能够精确地感知车辆的通过,并记录下车流量、车速等关键信息。此外,为了更全面地了解交通状况,平台还部署了其他类型的传感器,如压力传感器用于监测车辆重量,雷达传感器用于监测车辆类型和行驶轨迹等。这些传感器协同工作,共同构建起一个立体的交通信息采集网络。

2. 高清摄像头视觉监控与识别

除了传感器外,高清摄像头是数据采集不可或缺的一部分,不仅能够实时捕捉道路状况,如路面破损、施工区域等,还能够通过图像识别技术,对车辆类型、车牌号码等信息进行精准识别。高清摄像头的广泛应用,不仅提高了数据采集的精度和效率,还为交通管理部门提供了更为直观的交通监控画面,便于及时发现并处理交通异常情况。

3. 气象传感器保障恶劣天气下的交通安全

气象条件对高速公路的安全和通行效率有着重要影响。因此,在高速智慧化平台中,气象传感器也被纳入数据采集网络。这些传感器能够实时监测气温、湿度、风速、能见度等气象参数,为交通管理部门提供及时准确的气象信息。在恶劣天气条件下,如雾霾、暴雨等,气象传感器能够迅速发出预警,帮助管理部门采取相应措施,确保交通安全和通行顺畅。

(二)数据传输构建高效的数据流通体系

1. 数据传输技术确保数据的实时性与可靠性

为了确保数据的实时性和可靠性,平台采用了多种数据传输技术。对于实时性要求较高的数据,如交通流量、车速等,平台采用了无线传输技术,如4G/5G网络,以确保数据能够迅速传输至数据中心。对于数据量较大、传输要求不高的数据,平台采用了有线传输方式,如光纤传输,以保证数据传输的稳定性和传输效率。通过多种传输技术的结合使用,平台构建了一个高效、稳定的数据传输网络。

2. 数据初步处理提升数据质量与可用性

数据传输至数据中心后,还需要进行初步处理,以提升数据的质量和可用性。这一环节主要包括数据清洗、数据转换和数据整合等操作。数据清洗是为了去除数据中的噪声和异常值,确保数据的准确性;数据转换是将数据从原始格式转换为易于分析和处理的格式;数据整合则是将来自不同传感器和摄像头的数据进行整合,形成统一的数据集。通过这些初步处理操作,平台能够为后续的数据分析和处理提供更为优质的数据基础。

3. 数据安全与隐私保护,构建可信赖的数据环境

在数据采集和传输过程中,数据安全与隐私保护同样不容忽视。平台采用了先进的加密技术和访问控制策略,确保数据在传输和存储过程中的安全性。同时,平台还严格遵守相关法律法规,对用户的个人信息进行脱敏处理,确保用户的隐私安全。通过这些措施的实施,平台构建了一个可信赖的数据环境,为用户提供了更为安全、可靠的数据服务。

二、数据存储技术应用

(一)分布式文件系统与大容量对象存储

1. 分布式文件系统是海量数据的可靠支撑

在高速智慧化建管养一体化数据平台中,面对如潮水般涌来的数据,传统的单一存储方式已难以满足需求。因此,平台采用了分布式文件系统作为数据存储的核心架构之一。分布式文件系统通过将数据分散存储在多个独立的物理节点上,不仅极大地提升了存储容量,还实现了数据的高可用性和容错性。系统的每个节点都承担着数据的存储和备份任务,即使部分节点发生故障,也不会导致数据的丢失或服务的中断,从而确保了数据的完整性和平台的稳定运行。而分布式文件系统的可扩展性也是其显著优势之一。随着高速公路建管养业务的不断发展,数据量将持续增长,而分布式文件系统能够轻松应对这种增长。它通过增加节点来扩展存储容量,无须对原有系统进行大规模的改造或升级。这种灵活性使得平台能够迅速适应业务变化,为高速公路的智慧化管理提供持续的数据支持。

2. 大容量对象存储是非结构化数据的归宿

除了分布式文件系统外,大容量对象存储是高速智慧化建管养数据平台不可或缺的存储方式。大容量对象存储以其对海量非结构化数据的出色支持而著称,如图像、视频、音频等文件。这些文件通常体积庞大,格式多样,传统的关系型数据库难以有效处理,而大容量对象存储则能够轻松应对这类数据的存储需求,提供高效的数据读写性能和强大的数据管理能力。在大容量对

■ 高速智慧化建管养体系设计与实践

象存储中,每个对象都被赋予了一个唯一的标识符(如URL),使得数据的访问和管理变得更加便捷。同时,对象存储还支持数据的版本控制和元数据管理,方便用户对数据进行追踪和分类。这些特性使得大容量对象存储成为高速智慧化建管养数据平台中非结构化数据的理想归宿,为后续的数据挖掘和分析提供了坚实的基础。

(二)关系型数据库与非关系型数据库的融合应用

1. 关系型数据库是结构化数据的守护者

在高速智慧化建管养数据平台中,结构化数据通常指那些具有固定格式和明确字段的数据,如车辆信息、道路设施信息、交通流量统计等。这些数据对于高速公路的管理和决策至关重要,因此需要一个稳定、可靠的存储环境。而关系型数据库通过表格的形式来组织数据,每个表格包含多个字段,字段之间通过关系进行连接。这种结构化的存储方式使得数据的查询、更新和删除操作变得非常高效。同时,关系型数据库还支持事务处理和数据一致性校验,确保了数据的准确性和完整性。在高速智慧化建管养数据平台中,关系型数据库被广泛应用于车辆信息管理、道路设施维护、交通流量分析等领域,为平台的稳定运行提供了有力的数据支持。

2. 非关系型数据库是非结构化数据的灵活处理

与关系型数据库相比,非关系型数据库在处理非结构化数据方面具有更大的灵活性。非结构化数据通常指那些没有固定格式和明确字段的数据,如图像、视频、文本等。这些数据在高速智慧化建管养数据平台中占据了相当大的比例,且对于平台的功能实现和用户体验至关重要。非关系型数据库采用了键值对、列族存储、文档存储等多种数据模型,以适应不同类型非结构化数据的存储需求。这些数据库通常具有高度的可扩展性和容错性,能够轻松应对数据的快速增长和变化。在高速智慧化建管养数据平台中,非关系型数据库被广泛应用于图像识别、视频监控、文本分析等领域,为平台的智能化和个性化服务提供了强大的数据支撑。此外,平台还引入了数据湖技术作为非结构化数据的一种存储方式。数据湖是一个集中存储所有结构化和非结构化数据的大型数据存储库,它允许用户以原始格式存储数据,无须进行预处理或转换。这种存储方式使得用户能够随时对数据进行挖掘和分析,发现隐藏在数据中的价值和规律。在高速智慧化建管养数据平台中,数据湖技术为数据科学家和分析师提供了一个广阔的数据舞台,让他们能够自由地探索数据、构建模型并优化决策。

三、数据处理技术应用

(一)大数据处理框架是批处理与实时处理的结合

在高速智慧化建管养一体化数据平台中,数据处理是核心环节,它决定了平台能否高效、准确地从海量数据中提取出有价值的信息。为此,平台采用了先进的大数据处理框架,如 Hadoop 和 Spark,实现了对数据的批处理和实时处理。批处理主要针对历史数据,通过深度分析和挖掘,揭示出交通流量的规律、道路使用状况等关键信息。这些信息对于交通规划、道路养护等长期决策具有重要指导意义。而实时处理则聚焦于当前数据,能够迅速响应交通状况的变化,如交通拥堵预警、事故快速处理等,为交通管理部门提供了即时、准确的决策支持。通过批处理与实时处理的结合,平台实现了对数据的全面、高效处理,为智慧化建管养提供了坚实的数据基础。

(二)机器学习与人工智能技术推进进行深度分析

除了大数据处理框架外,平台还引入了机器学习和人工智能技术,进一步提升了数据处理的深度和广度。机器学习算法能够自动从海量数据中学习并提取特征,发现数据间的潜在关联和规律。例如,通过分析历史交通流量数据,机器可以预测未来一段时间内的交通流量趋势,为交通管理和调度提供科学依据。这种预测能力对于缓解交通拥堵、优化交通流具有重要意义。同时,人工智能技术的引入使得平台能够处理更为复杂的任务,如图像识别、自然语言处理等。利用图像识别技术,平台可以对摄像头采集到的图像进行自动分析和处理,实现车辆识别、交通违章检测等功能,大大提高了交通管理的效率和准确性。

(三)数据驱动决策支持在智慧化建管养中的实践

在高速智慧化建管养一体化数据平台中,通过大数据处理、机器学习和人工智能技术的综合运用,平台能够为用户提供全面、准确、及时的数据支持。这些数据不仅包括了交通流量、车速、道路状况等基本信息,还涵盖了交通预测、交通违章分析等高级信息。这些数据为交通管理部门提供了科学的决策依据,使他们能够更加精准地制定交通管理策略、优化道路布局、提高交通效率。同时,对于道路养护部门来说,平台提供的数据也能够帮助他们及时发现道路问题、制订养护计划,确保道路的安全和畅通。因此,数据处理技术不仅是高速智慧化平台的智慧引擎,更是推动智慧化建管养实践的关键力量。

第三节 数据挖掘、分析与决策支持功能

一、数据挖掘功能

(一)历史数据分析揭示交通规律与模式

1. 交通流量规律的挖掘

在高速智慧化建管养一体化数据平台中,数据挖掘功能首先聚焦于历史数据的深度分析,尤其是交通流量数据。通过对历史交通流量数据的细致剖析,平台能够揭示出不同时间段、不同路段的交通流量规律。这些规律对于交通管理和规划至关重要。例如,通过识别出高峰时段和拥堵路段,交通管理部门可以制定针对性的疏导策略,如调整信号灯配时、增设临时车道等,以有效缓解交通压力。同时,这些规律还可以为交通流量控制提供科学依据,确保道路资源的合理分配和高效利用。

2. 隐藏模式的发现

除了直接的交通流量规律外,数据挖掘能够从历史数据中挖掘出隐藏的交通模式。这些模式可能涉及车辆类型、行驶速度、行驶路径等多个维度。例如,通过分析特定时间段内货车的行驶路径和速度,可以发现货车运输的集中

区域和可能的瓶颈路段。这些信息对于优化货物运输路线、减少交通拥堵具有重要意义。此外,隐藏模式的发现还有助于交通管理部门更好地理解交通参与者的行为特征,为制定更加精准的交通管理政策提供数据支持。

(二)数据挖掘功能的应用

1. 实时交通状况监测

在高速智慧化建管养一体化数据平台中,通过实时监测交通流量、车速、车辆位置等关键数据,平台能够迅速掌握当前的交通状况。这种实时监测能力对于及时发现交通拥堵、事故等突发情况至关重要。一旦监测到异常情况,平台可以立即触发预警机制,通知相关部门进行快速响应和处理。

2. 安全隐患的识别与预警

数据挖掘在实时数据分析中的一个重要应用是安全隐患的识别与预警。通过对车辆行驶轨迹、速度等数据的深入分析,平台能够识别出异常驾驶行为,如超速、频繁变道、急刹车等。这些异常行为往往是交通事故的前兆。通过数据挖掘,平台可以及时发现这些潜在的安全隐患,并向驾驶员或交通管理部门发出预警信号。这种预警机制有助于预防交通事故的发生,保障道路安全。

二、数据分析功能

(一)数据统计分析揭示数据内在联系

1. 数据统计分析的核心作用

在高速智慧化建管养一体化数据平台中,数据统计分析作为数据分析功能的重要组成部分,发挥着至关重要的作用。它通过对海量、多维的数据进行深度挖掘和精细处理,揭示出数据之间隐藏的内在联系和规律,为高速公路的建设、管理和养护提供科学依据和决策支持。数据统计分析的核心在于运用各种统计方法,如描述性统计、推断性统计等,对收集到的数据进行系统、全面的分析。描述性统计通过计算数据的平均值、标准差、最大值、最小值等指标,描绘出数据的整体特征和分布情况；而推断性统计则通过样本数据来推断总体数据的特征和规律，如通过回归分析、相关分析等方法，探究变量之间的因果关系和相关性。

2. 数据统计分析在高速智慧化建管养一体化数据平台中的应用

在高速公路的建设阶段，数据统计分析可以帮助管理者全面了解工程进展、质量控制、成本消耗等方面的情况，及时发现潜在问题和风险，为工程决策提供依据。例如，通过对施工材料的质量数据进行统计分析，可以及时发现材料质量问题，确保工程质量；通过对施工进度数据进行统计分析，可以合理调整施工计划，确保工程按时完工。在高速公路的管理阶段，数据统计分析能够揭示交通流量、车速、拥堵情况等交通运行规律，为交通管理提供决策支持。

（二）趋势预测是基于历史与当前数据的前瞻性决策依据

1. 趋势预测的基本原理

趋势预测是数据分析功能的一个重要组成部分，它基于历史数据和当前数据，运用数学模型和算法对未来趋势进行预测。趋势预测的基本原理在于，通过识别数据中的时间序列特征，如趋势、季节性、周期性等，建立相应的预测模型，并对未来数据进行预测和推断。在趋势预测中，常用的数学模型和算法包括时间序列分析、回归分析、机器学习等。时间序列分析通过分解数据中的趋势、季节性和随机性成分，建立时间序列模型进行预测；回归分析通过建立变量之间的回归方程，预测因变量的未来值；机器学习则通过训练数据集建立预测模型，并对新数据进行预测和分类。

2. 趋势预测在高速智慧化建管养一体化数据平台中的应用

在高速公路的建设阶段，趋势预测可以帮助管理者预测未来工程进展、成本变化等情况，为工程预算和计划制订提供依据。例如，通过对历史工程成本数据进行趋势预测，可以合理估算未来工程的成本支出，为资金筹措和预算安排提供科学参考。在高速公路的管理阶段，趋势预测能够预测未来交通流量、车速、拥堵情况等交通运行趋势，为交通管理和规划提供前瞻性建议。例如，通过对历史交通流量数据进行趋势预测，可以预测未来交通流量的增长趋势和高峰时段,为交通疏导和规划提供科学依据;通过对车速和拥堵数据的趋势预测,可以提前识别出潜在的交通瓶颈和拥堵点,为交通改善和优化提供有力支持。在高速公路的养护阶段,趋势预测同样具有重要意义。通过对路面状况、桥梁结构、隧道照明等养护数据的趋势预测,可以预测未来养护需求和潜在问题,为养护计划的制订和实施提供前瞻性依据。例如,通过对路面破损数据的趋势预测,可以预测未来路面破损的发展趋势和重点区域,为养护资源的合理分配和优先安排提供科学依据,提高养护效率和效果。

三、决策支持功能

(一)安全管理决策支持

1. 车辆行驶轨迹分析是异常识别的基础

在高速智慧化建管养一体化数据平台中,车辆行驶轨迹的分析是识别异常驾驶行为的关键。平台通过收集车辆行驶过程中的位置、速度、方向等实时数据,构建出车辆行驶的详细轨迹。这些数据不仅反映了车辆的运动状态,还隐含了驾驶员的驾驶习惯和意图。平台运用先进的数据挖掘算法,对车辆行驶轨迹进行深度剖析,能够及时发现轨迹中的异常点,如急加速、急刹车、频繁变道等。这些异常点往往是驾驶员不当操作或道路环境突变的表现,是识别异常驾驶行为的重要依据。通过对车辆行驶轨迹的精细分析,平台为预防交通事故奠定了坚实的基础。

2. 异常驾驶行为预警是及时干预的关键

识别出异常驾驶行为后,高速智慧化平台会立即触发预警机制,将预警信息发送给相关部门或驾驶员。预警信息包括异常驾驶行为的类型、发生时间、地点以及可能的危害程度等,为及时干预提供了关键信息。对于驾驶员而言,收到预警信息后能够迅速调整驾驶状态,避免潜在的危险行为。对于交通管理部门而言,预警信息则有助于他们及时采取措施,如派遣巡逻车前往现场、调整交通信号等,以缓解交通压力并降低事故风险。通过异常驾驶行为的预警机制,平台实现了对交通安全的实时监控和有效管理。

3. 决策支持与优化提升安全管理水平

除了直接的预警功能外，高速智慧化平台通过数据分析为安全管理决策提供了有力支持。平台对异常驾驶行为的数据进行汇总和分析，能够揭示出交通事故的潜在规律和风险因素。例如，通过分析不同时间段、不同路段的异常驾驶行为分布，可以识别出交通事故的高发区域和时段，为交通管理部门制定针对性的防控措施提供依据。同时，平台还可以对不同类型的异常驾驶行为进行风险评估，帮助交通管理部门确定优先干预的对象和策略。通过这些决策支持和优化措施，高速智慧化平台不仅提升了交通安全的管理水平，还为构建更加安全、高效的交通系统奠定了坚实基础。

（二）养护决策支持

1. 数据驱动，精准养护

在高速智慧化建管养一体化数据平台中，养护决策支持功能依赖于丰富的道路状况数据。这些数据包括但不限于路面破损情况、路基稳定性、桥梁隧道结构安全、交通流量以及环境因素等。通过高精度的传感器和实时监测技术，这些数据被实时采集并上传至数据平台。平台运用先进的数据分析算法，对这些数据进行深度挖掘和关联分析，从而揭示出道路养护的潜在需求和优先级。这种数据驱动的养护方式，使得养护决策更加精准，能够针对具体问题制定有效的养护措施，避免盲目养护和资源浪费。

2. 优化养护计划，提升效率

基于数据平台的养护决策支持功能，管理者可以更加科学地制订养护计划。通过对历史养护数据的分析，平台能够预测未来养护需求的变化趋势，为养护计划的制订提供前瞻性依据。同时，平台还能够根据当前的道路状况数据和交通流量数据，动态调整养护计划，确保养护工作能够高效有序地进行。此外，平台还支持对养护资源进行优化配置，如人员、设备、材料等，确保养护工作能够在最短的时间内达到最佳的效果。这种优化后的养护计划，不仅提高了养护效率，还降低了养护成本，为高速公路的长期运营提供了有力保障。

3. 智能决策，助力养护创新

在高速智慧化建管养一体化数据平台的支持下，养护决策变得更加智能化。平台通过集成机器学习、人工智能等先进技术,能够自动识别道路状况数据中的异常和趋势,为管理者提供及时的预警和决策建议。例如,当平台监测到某一路段的路面破损情况严重,且交通流量较大时,会自动生成养护建议,包括养护时间、养护方式、所需资源等。这种智能化的决策支持,不仅提高了养护的及时性和针对性,还促进了养护技术的创新和发展。管理者可以基于平台的决策建议,尝试新的养护方法和材料,不断提升养护质量和效率,为高速公路的智慧化养护开辟新的道路。

(三)应急指挥调度决策支持

1. 数据挖掘是应急指挥调度决策的信息基石

在高速智慧化建管养一体化数据平台中,数据挖掘技术发挥着至关重要的作用,尤其是在突发事件发生时。通过实时收集和分析高速公路上的各类数据,如车辆通行记录、监控视频、气象信息、路况报告等,数据挖掘技术能够迅速揭示出事件的性质、规模、影响范围以及可能的发展趋势。这些数据不仅包括了事件本身的直接信息,还蕴含了与事件相关的间接信息,如事发路段的交通流量、周边路网的通行状况、可用的应急资源等。通过深入挖掘这些数据,应急指挥人员能够全面、准确地掌握事件情况,为后续的指挥调度提供坚实的信息基础。数据挖掘技术的运用,极大地提高了应急响应的速度和准确性。在突发事件发生后,时间就是生命,每一分每一秒都至关重要。通过快速掌握事件情况,应急指挥人员能够迅速做出决策,调动相关资源和力量,有效应对突发事件,保障高速公路的安全畅通。

2. 分析研判是应急指挥调度的智慧大脑

高速智慧化建管养一体化数据平台集成了先进的数据分析工具和算法,能够对收集到的数据进行深度剖析和智能研判。通过对比历史数据、分析事件发展趋势、预测可能的影响后果,分析研判系统能够生成一系列有价值的决策建议,如最佳救援路线、应急资源调配方案、交通管制措施等。这些建议基于科学的数据分析和预测,能够为应急指挥人员提供有力的决策支持,帮助他们做出更加明智、高效的决策。分析研判系统的运用,不仅提高了应急指挥调度的科学性和有效性,还增强了应急响应的灵活性和适应性。面对复杂多变的突发事件,分析研判系统能够迅速调整策略,确保应急指挥调度工作始终保持在正确的轨道上。

3. 决策支持是应急指挥调度的行动指南

在数据挖掘和分析研判的基础上,高速智慧化建管养一体化数据平台为应急指挥调度提供了全面的决策支持。这些决策支持不仅包括了对事件本身的应对策略,还涵盖了与事件相关的各个方面,如交通疏导、资源调配、信息发布等。通过平台提供的直观、易用的决策界面,应急指挥人员能够迅速了解事件的全貌和最新进展,掌握各项决策建议的优缺点和实施条件。他们可以根据实际情况和需要,灵活选择最合适的决策方案,并实时调整和优化应急响应策略。决策支持系统的运用,大大提高了应急指挥调度的效率和准确性。它使得应急指挥人员能够在短时间内做出正确的决策,有效应对突发事件,最大限度地减少损失和影响。同时,它还为应急响应的后续工作提供了清晰的行动指南,确保了整个应急过程的顺畅和高效。

第四节 数据可视化展示与交互应用

一、高速智慧化建管养一体化数据平台中的数据可视化展示

(一) 交通拥堵状况的可视化

1. 热力图展示

在高速智慧化建管养一体化数据平台中,通过热力图,管理者可以直观地观察到不同路段、不同时间段的交通流量密度,从而快速识别出交通拥堵的热点区域和时段。热力图以色彩为媒介,将交通流量数据转化为视觉上的冷暖色调对比。红色、橙色等暖色调代表交通流量大、拥堵严重的区域,这些区域往往是车辆密集、行驶缓慢的地方,需要管理者重点关注和及时疏导。相反,蓝色、绿色等冷色调表示交通流量小、畅通无阻的区域,这些区域车辆行驶顺畅,交通状况良好。通过热力图的动态展示,管理者可以清晰地看到交通拥堵状况随时间和空间的变化而变化的情况。例如,在早晚高峰时段,热力图上会

出现明显的红色、橙色区域,表明这些时段交通流量大、拥堵严重。而在非高峰时段,这些区域则会逐渐变为蓝色、绿色,表示交通状况逐渐好转。这种直观的展示方式,有助于管理者及时掌握交通拥堵的时空分布特征,为制定有效的交通疏导和流量控制策略提供有力支持。此外,热力图还可以与其他数据信息进行叠加展示,如路况信息、天气状况等,从而更全面地反映交通拥堵的状况和原因。管理者可以根据这些信息,综合考虑多种因素,制定更加精准、有效的交通管理措施,提升高速公路的通行效率和服务水平。

2. 折线图与柱状图

除了热力图外,折线图与柱状图是高速智慧化建管养一体化数据平台中展示交通拥堵状况的重要图表类型。这些图表能够清晰地展示交通流量的变化趋势,帮助管理者了解交通流量的峰值和低谷,从而优化交通信号配时、调整交通管制措施等。折线图通过连接各时间点的交通流量数据点,形成一条连续的曲线,直观地反映了交通流量随时间的变化而变化的情况。管理者可以通过观察折线图的走势,判断交通流量的高峰和低谷时段,以及交通拥堵的发生和消散过程。这种图表类型特别适用于分析交通流量的日变化、周变化或季节性变化等长期趋势,为交通管理策略的制定提供科学依据。而柱状图则通过不同高度的柱子来表示不同时间段的交通流量大小,柱子越高表示交通流量越大。管理者可以通过对比不同时间段的柱子高度,直观地了解交通流量的分布情况,识别出交通拥堵的重点时段和区域。同时,柱状图还可以方便地展示不同路段或不同交通方式的交通流量对比情况,为交通资源的优化配置提供有力支持。通过折线图与柱状图的结合使用,管理者可以更加全面地了解交通流量的变化趋势和分布特征。这不仅有助于制定更加精准、有效的交通管理策略,还可以提高高速公路的通行效率和服务水平,为公众提供更加安全、便捷、舒适的出行体验。同时,这些图表还可以为交通规划、设计、建设等阶段的决策提供支持,推动高速公路智慧化建管养一体化的发展进程。

(二)车辆行驶轨迹的可视化

1. 轨迹线图

在高速智慧化建管养一体化数据平台中,轨迹线图作为车辆行驶轨迹可视化的重要手段,发挥着不可替代的作用。通过这一功能,管理者能够清晰地查看每一辆车在高速公路上的具体行驶路径,从而深入剖析车辆的行驶规律,为交通管理提供科学依据。轨迹线图以时间为轴,将车辆在道路上的行驶过程以线条的形式展现出来。这些线条或直或曲,或长或短,不仅记录了车辆的行驶轨迹,更蕴含了丰富的交通信息。通过对轨迹线图的细致观察,管理者可以轻易识别出车辆的行驶速度、行驶方向、停留时间等关键参数,进而分析出车辆的行驶习惯、偏好路线以及潜在的交通风险点。更为重要的是,轨迹线图还能够有效识别异常驾驶行为。超速、频繁变道、违规停车等危险驾驶行为,在轨迹线图中都会留下明显的痕迹。管理者可以通过对这些异常轨迹的识别和分析,及时发现并处理这些违规行为,从而有效维护交通秩序,保障道路安全。此外,轨迹线图还可以为交通规划、道路设计以及交通信号优化等提供有力支持。通过对大量车辆行驶轨迹的汇总和分析,管理者可以了解到不同路段、不同时段的交通流量分布,以及车辆对道路设施的利用情况。这些信息对于优化道路布局、提高道路通行效率、缓解交通拥堵具有重要意义。

2. 动画模拟

相较于静态的轨迹线图,动画模拟则为车辆行驶轨迹的可视化提供了一种更为生动、直观的方式。通过动画技术,管理者可以模拟车辆在道路上行驶的实时状态,使其仿佛置身于真实的交通环境中,从而更加深入地了解交通状况,为交通管理提供更为精准的决策支持。动画模拟能够实时展现车辆的行驶速度、位置以及与其他车辆的相对关系。通过这些动态的画面,管理者可以直观地观察到交通流量的变化、车辆的行驶轨迹以及潜在的交通冲突点。这种直观性不仅有助于管理者快速把握交通状况,更能够激发他们的想象力和创造力,为交通管理问题的解决提供新的思路和方案。同时,动画模拟还具有强大的交互性。管理者可以通过调整模拟参数,如车辆速度、道路条件等,来观察不同情境下的交通状况。这种交互性使得动画模拟成为一种灵活、可定制的交通管理工具,能够满足不同管理者在不同场景下的需求。更为重要的是,动画模拟还能够为交通应急预案的制定和演练提供有力支持。通过模拟突发事件的发生和处理过程,管理者可以检验应急预案的可行性和有效性,提高应急响应的速度和准确性。这种模拟演练不仅有助于提升管理者的应急处理能力,更能够确保在真实突发事件发生时,能够迅速、有效地应对,最大限度地减少损失和影响。

(三)设施状态与运维情况可视化

1. 设施状态图

在高速智慧化建管养一体化数据平台中,设施状态图作为核心的可视化工具之一,通过图表或地图的直观形式,将高速公路上各类设施(例如,桥梁、隧道、收费站、路灯、护栏等)的当前状态一目了然地呈现出来。这些状态包括但不限于正常运行、维护中、故障、待检修等,每一种状态都用不同的颜色或图标进行标识,以便于管理者快速识别。设施状态图不仅展示了设施的整体健康状况,还能够深入到每一个具体设施,提供更为详尽的信息。例如,对于桥梁而言,状态图可以展示其结构是否完好、是否存在裂缝、承重能力是否达标等关键指标;对于隧道,则可以展示照明系统、通风系统、排水系统等的运行状态。这些信息的实时更新和可视化展示,使得管理者能够随时掌握设施的动态变化,及时发现并处理潜在的安全隐患。通过设施状态图,管理者可以迅速定位需要关注或干预的设施,从而采取相应的措施。比如,当发现某座桥梁处于故障状态时,可以立即启动应急预案,调派专业团队进行现场勘查和维修;当多个设施同时处于维护中时,可以根据维护进度和重要性进行资源的合理分配。这样一来,不仅提高了设施管理的效率,也确保了高速公路的安全畅通。

2. 运维进度跟踪

在高速智慧化建管养一体化数据平台中,运维进度跟踪是一个重要的可视化功能。它针对正在进行的运维项目,通过可视化的方式展示项目的进度、预计完成时间、已投入资源、剩余任务量等关键信息。这些信息以图表、进度条、甘特图等形式呈现,使得管理者能够清晰地了解运维项目的整体情况和细节。运维进度跟踪的可视化展示,有助于管理者及时发现项目执行过程中的偏差和问题。比如,当某个项目的进度明显滞后于计划时,管理者可以立即察觉到,并深入分析原因,采取相应的措施进行补救。同时,通过对比不同项目的进度和资源投入情况,管理者可以更加合理地分配资源,确保关键项目的优先执行和高效完成。此外,运维进度跟踪还能够帮助管理者预测未来的运维需求。通过对历史运维数据的分析和挖掘,可以建立起运维项目的预测模型,预测未来一段时间内可能出现的运维任务和所需的资源量。这样一来,管理者就可以提前做好准备,储备必要的物资和人力资源,确保运维工作的顺利进行。

(四)气象与环境信息的可视化

1. 气象地图

在高速智慧化建管养一体化数据平台中,气象地图作为气象信息可视化的重要手段,为交通安全管理和应急响应提供了强有力的支持。气象地图通过集成来自气象部门或专业气象服务机构的实时气象数据,以地图为载体,将降雨量、风速、能见度等关键气象要素以直观、易懂的方式呈现出来。气象地图上的每一种气象要素都用不同的颜色或图标进行表示,如降雨量用深浅不一的蓝色表示,风速用不同长度的箭头表示,能见度则用不同透明度的遮罩层表示。这样的设计使得管理者能够一眼就看出当前的气象状况,从而迅速做出判断。在雨天或雾天等恶劣天气条件下,气象地图能够实时更新路况信息,为交通管理部门提供及时的预警,以便采取必要的交通管制措施,确保行车安全。此外,气象地图还支持历史气象数据的回溯和对比功能。管理者可以通过选择不同的时间段,查看过去的气象状况,并与当前气象进行对比,从而更好地把握气象变化的趋势和规律。这对于制订长期的交通管理策略和应急响应计划具有重要意义。

2. 环境质量监测

环境质量监测是高速智慧化建管养一体化数据平台中的一项重要环境信息可视化功能。它通过集成来自环境监测站或专业环保机构的实时环境质量数据,以图表或地图的形式展示 PM2.5 浓度、噪声水平等关键环境指标,帮助管理者全面了解高速公路沿线的环境质量状况。环境质量监测的可视化展示不仅关注当前的环境质量,还关注环境质量的动态变化。通过实时更新的数据,管理者可以清晰地看到环境质量的改善或恶化趋势,从而及时采取措施进行干预。例如,当 PM2.5 浓度超标时,管理者可以立即启动应急预案,加强道路清扫和洒水作业,降低空气污染;当噪声水平过高时,可以调整交通信号配时,减少车辆拥堵和鸣笛现象,降低噪声污染。同时,环境质量监测的可视化还为高速公路的绿色生态建设提供了数据支持。管理者可以根据环境质量数据,制定科学合理的绿化方案和声屏障设置方案,提升高速公路的生态品质和行车舒适度。此外,通过长期的环境质量监测和数据分析,还可以为高速公路的环保评估和可持续发展提供科学依据。

二、高速智慧化建管养一体化数据平台中的交互应用

(一)数据查询与筛选

1. 灵活查询,快速响应

在高速智慧化建管养一体化数据平台中,数据查询与筛选功能是实现高效管理的关键。管理者只需输入简单的查询条件,如时间范围、路段名称、设备类型等,系统便能迅速响应,从海量数据中精准定位所需信息。这一功能的实现,得益于平台强大的数据处理能力和优化的查询算法,确保了查询过程的高效与准确。而查询条件的灵活性是这一功能的一大亮点。管理者可以根据实际管理需求,自由组合查询条件,实现多维度、多层次的数据查询。无论是查询特定时间段的交通流量数据,还是筛选特定路段的设备运行状态,都能轻松实现。这种灵活性不仅提高了查询效率,更满足了管理者多样化的信息管理需求。

2. 深入分析,洞见未来

除了快速定位数据,数据查询与筛选功能尤为支持对查询结果进行深入的后续分析。管理者可以对查询结果进行排序,按照时间、数值大小等顺序排列数据,以便更直观地观察数据变化趋势。同时,分组功能也极为实用。管理者可以根据数据特征将其分为不同组别,如按路段、设备类型或时间段分组,从而更清晰地揭示数据之间的关联性和规律性。这些分析操作不仅有助于管理者深入了解当前交通状况和设备运行状态,还能为未来的管理决策提供有力支持。通过对历史数据的深入分析,管理者可以预测未来交通流量的变化趋势,提前制定应对策略;通过对设备运行状态的监测和分析,可以及时发现

潜在故障,提前进行维护,确保高速公路的安全畅通。

(二)动态交互控制

1. 触控操作,随心所欲

在高速智慧化建管养一体化数据平台中,动态交互控制功能让管理者能够以最直观、最便捷的方式操作和分析数据。通过触摸屏、鼠标等设备,管理者可以轻松实现对数据的缩放、旋转、平移等操作,从不同角度、不同层面观察和分析数据,仿佛置身于一个三维的数据世界中。触控操作的便捷性使得管理者能够随时随地掌握交通状况和设备运行状态。无论是在办公室内通过电脑屏幕查看数据,还是在现场通过移动设备实时监控,都能轻松实现。这种随时随地的交互体验,不仅提高了管理效率,更增强了管理者对交通系统的掌控力。

2. 深入探索,发现新知

动态交互控制功能不仅限于简单的数据浏览和查看,更支持管理者对数据进行深入探索。通过点击、拖拽等方式,管理者可以选择感兴趣的数据区域进行深入分析。例如,在交通流量数据展示中,管理者可以选中某个拥堵路段,查看该路段的详细交通数据,如车速、车流量、拥堵时长等,从而更全面地了解拥堵原因和解决方案。这种深入探索的能力使得管理者能够不断发现新的交通规律和管理策略。通过对数据的不断挖掘和分析,管理者可以揭示出隐藏在数据背后的深层次信息,为交通管理提供新的思路和方向。同时,这种探索过程也是管理者不断学习和成长的过程,有助于提升他们的专业素养和管理能力。

第八章　高速智慧化建管养中的信息安全保障

第一节　信息安全威胁分析与风险评估

一、高速智慧化建管养中的信息安全威胁分析

(一)信息安全外部威胁

1. 黑客攻击

在高速智慧化建管养的信息系统中,黑客攻击构成了最为直接且严峻的外部威胁。这些攻击者往往具备高超的网络技术,能够精准地识别并利用系统存在的安全漏洞。DDoS(分布式拒绝服务)攻击便是其中一种常见手段,它通过操控大量计算机同时向目标系统发送请求,导致系统资源耗尽,进而无法响应正常的服务请求,造成服务中断。而SQL注入攻击则更为狡猾,攻击者通过在输入字段中嵌入恶意的SQL代码,试图绕过系统的安全验证,直接访问或篡改数据库中的数据。这些攻击不仅可能导致敏感信息泄露,还可能对系统的完整性和可用性造成毁灭性打击,严重影响高速智慧化建管养信息系统的正常运行和决策效率。

2. 恶意软件

恶意软件,包括病毒、木马、勒索软件等,是信息安全的外部威胁,通常隐藏在看似无害的邮件附件、恶意网站链接或下载的软件包中,如果用户不慎点击或安装,这些恶意代码便会悄无声息地侵入系统。病毒可能自我复制并传播至整个网络,导致系统性能下降甚至崩溃;木马则可能潜伏在系统中,窃取用户数据、监控用户操作或执行攻击者指定的恶意任务;勒索软件更是直接加

密用户文件,要求支付赎金以换取解密密钥。在高速智慧化建管养的环境中,这些恶意软件的存在不仅威胁着数据的安全,还可能对关键业务流程造成干扰,导致不可估量的经济损失和声誉损害。

3. 数据泄露

随着大数据和云计算技术的广泛应用,平台中存储着海量的敏感信息,包括用户个人信息、工程数据、运维记录等。这些数据一旦泄露,将对个人隐私和企业安全构成严重威胁。泄露途径多种多样,既可能是黑客攻击的直接结果,也可能是内部人员因安全意识淡薄或利益驱使而进行的非法操作,导致用户信任度下降。因此,加强数据加密、访问控制、审计监控等安全措施,确保数据的完整性和保密性,是高速智慧化建管养信息系统中不可或缺的一环。同时,提高员工的安全意识和技能培训,也是防范数据泄露的重要手段。

(二)内部威胁

1. 操作失误

在高速智慧化建管养体系中,操作失误是内部威胁的一个重要方面。由于系统的复杂性和数据量的庞大,工作人员在进行日常操作时,即使是最微小的疏忽也可能导致严重的后果。例如,一个不经意的点击可能误删关键数据,导致信息丢失或系统功能紊乱。配置错误同样是一个常见的问题,特别是在进行系统升级或调整时,错误的配置可能导致整个系统或部分功能无法正常运行,进而影响高速公路的正常管理和维护。此外,对系统操作的不熟悉或技术不熟练也是导致操作失误的重要原因。一些新入职的员工或临时工作人员可能在没有充分培训的情况下被分配到关键岗位,他们由于缺乏经验而更容易犯错。因此,加强对工作人员的培训,提高他们的操作技能和熟练度,以及建立完善的操作规范和流程,是减少操作失误、保障系统安全的关键措施。

2. 权限滥用

权限滥用是高速智慧化建管养体系中另一个不容忽视的内部威胁。在复杂的系统环境中,不同级别的工作人员拥有不同的访问和操作权限。而一些具有较高权限的工作人员可能会出于个人利益、好奇心或其他不当目的,滥用这些权限。他们可能未经授权地访问敏感数据，如个人隐私信息、财务记录或关键业务数据，甚至可能恶意修改或删除这些数据，导致数据泄露、系统瘫痪或业务中断。权限滥用的后果往往十分严重，不仅可能损害组织的声誉和利益，还可能触犯法律法规。因此，必须建立严格的权限管理制度，明确每个工作人员的权限范围，实施细粒度的访问控制，并加强对权限使用的监督和审计，以确保权限的合理使用和系统的安全稳定。

3. 安全意识不足

随着信息技术的快速发展，网络安全威胁日益严峻，但部分工作人员对信息安全的重要性仍然认识不足。他们缺乏基本的安全知识和防范意识，无法识别网络钓鱼、恶意软件等常见的安全威胁。在日常工作中，这些员工可能随意点击不明链接、下载未知附件，或在不安全的网络环境中进行敏感操作，从而给平台带来严重的安全隐患。为了提高员工的安全意识，组织需要定期开展网络安全教育和培训活动，普及安全知识。同时，还需要建立有效的安全机制和策略，如强制密码策略、定期更新软件补丁等，以减少因安全意识不足而导致的安全风险。此外，通过模拟演练和实战演练等方式，让员工亲身体验安全事件的处理过程，也是提升他们安全意识的有效途径。

（三）高速智慧化建管养中的技术风险

1. 系统漏洞

在高速智慧化建管养中，系统漏洞如同潜藏的暗流，时刻威胁着整个平台的稳定运行。随着信息技术的飞速进步，平台软件与硬件的复杂性日益增加，这虽然带来了前所未有的功能提升，但也为黑客和不法分子提供了可乘之机。漏洞可能存在于操作系统的深层、应用程序的代码逻辑中，甚至硬件设备的固件里，它们如同隐形的陷阱，等待着被恶意触发。一旦这些漏洞被利用，不仅可能导致系统崩溃、服务中断，还可能让攻击者轻松绕过安全防线，窃取敏感信息，甚至对平台进行远程控制。因此，持续的漏洞扫描、及时的安全更新以及严格的渗透测试成为防范此类风险的必要手段。同时，建立快速响应机制，确保在漏洞被发现后能迅速修复，也是降低潜在威胁的关键。

2. 数据加密不足

数据加密,作为保护信息安全的基石,在高速智慧化建管养中显得尤为重要。而若加密措施实施不当或强度不足,就如同给数据的安全之门留下了一道宽缝。敏感数据,如车辆行驶记录、个人身份信息、财务交易记录等,若未得到妥善加密,一旦遭遇数据泄露,攻击者将能轻而易举地还原出原始信息,进而造成不可估量的损失。加密技术的选择需考虑算法的安全性、密钥管理的严密性以及加密效率的综合平衡。此外,随着量子计算等新兴技术的发展,传统的加密方法可能面临被破解的风险,因此,持续关注并采用最新的加密标准和技术,是确保数据安全的长远之计。同时,加强对员工数据保护意识的培养,确保加密策略得到有效执行,也是不可或缺的一环。

3. 备份与恢复机制不健全

在高速智慧化建管养的复杂环境中,数据是维系一切业务运行的命脉。对突如其来的攻击、自然灾害或硬件故障,若缺乏有效的数据备份与恢复机制,就可能导致数据的永久丢失,进而引发业务中断乃至品牌信誉的严重损害。一个健全的备份策略应包括定期的全量备份、增量备份以及异地备份,以确保在任何情况下都能迅速恢复数据。同时,恢复机制的测试与演练也至关重要,它不仅能验证备份数据的有效性,还能在真正需要时,确保恢复操作的迅速与准确。此外,随着数据量的不断增长,如何高效管理备份数据,减少存储成本,同时保证恢复速度,也是备份与恢复机制设计中需要重点考虑的问题。

二、高速智慧化建管养中的风险评估

(一) 威胁识别

在高速智慧化建管养的风险评估中,威胁识别是首要且关键的一步。这一过程旨在全面梳理并识别平台可能遭遇的各类信息安全威胁及其潜在来源。基于前文的信息安全威胁分析,我们可以将威胁大致分为几类:一是来自外部的黑客攻击,他们可能利用高超的网络技术,通过 DDoS 攻击、SQL 注入等手段,试图侵入系统,窃取数据或破坏系统稳定性。此外,还需考虑自然灾害、设备故障等不可抗力因素可能带来的威胁。通过细致的威胁识别，我们能够更加清晰地了解平台所面临的安全挑战，为后续的风险评估奠定坚实基础。

（二）脆弱性评估

脆弱性评估是高速智慧化建管养风险评估中的重要环节，它聚焦于平台在技术、管理、人员等方面存在的安全漏洞和薄弱环节。技术层面，可能包括系统架构的不合理、软件代码的漏洞、加密技术的不足等，这些都可能成为攻击者利用的突破口。在管理方面，若缺乏完善的安全管理制度、应急响应机制或审计监控体系，将难以有效抵御外部威胁和内部风险。在人员方面，员工的安全意识淡薄、技能不足或违规操作也是不可忽视的脆弱性。通过全面的脆弱性评估，我们能够揭示出平台在哪些方面存在安全隐患，为制定针对性的安全措施提供有力依据。

（三）风险量化

风险量化是高速智慧化建管养风险评估中的核心步骤，它旨在将抽象的风险概念转化为具体的数值，以便进行更直观的比较和决策。风险量化的过程通常涉及三个关键要素：资产价值、威胁发生的可能性以及脆弱性被利用的后果。资产价值反映了平台中各类数据、系统和服务的重要性；威胁发生的可能性基于历史数据、威胁情报和专家判断进行估算；脆弱性被利用的后果则考虑了数据泄露、系统瘫痪等安全事件对业务运营、用户信任和法律合规等方面的影响。通过综合运用这些要素，我们可以计算出每个风险项的量化值，为风险排序和决策制定提供科学依据。

（四）风险排序

在高速智慧化建管养的风险评估中，风险排序是基于风险量化的结果，对识别出的所有风险项进行排序，以确定哪些风险需要优先处理。风险排序通常考虑两个主要因素：风险的严重性和风险的发生概率。严重性反映了风险一旦发生可能造成的损失和影响程度；发生概率则评估了风险在未来一段时间内实际发生的可能性。通过综合考虑这两个因素，我们可以将风险项按照优先级从高到低进行排序,形成风险清单。这份清单不仅能够帮助管理者清晰地了解平台面临的主要风险,还能够指导安全资源的合理分配和优先处理策略的制定,从而确保高速智慧化建管养体系的信息安全得到有效保障。

第二节 信息安全防护体系的构建与实施

一、高速智慧化建管养中,信息安全防护体系的构建

(一)安全策略体系

1. 构建分层次的安全策略体系

在高速智慧化建管养中,信息安全防护体系的构建应紧密围绕高速公路的管理模式和机构划分,确立一个层次分明、针对性强的安全策略体系。这一体系的核心在于将安全策略分为省级高速公路管理机构层次与片区中心(路段中心)层次,确保各级机构都能依据自身职责和特点,制定并执行相应的安全策略。省级管理机构负责制定全面的信息安全方针和目标,这些方针和目标需具备高度的战略性和前瞻性,为整个高速公路系统的信息安全防护提供宏观指导和方向。同时,省级管理机构还需监督下级机构的安全策略执行情况,确保整个系统安全策略的一致性和有效性。

2. 明确各级系统的安全要求

在分层次的安全策略体系中,明确各级系统的安全要求是至关重要的一环。省级高速公路管理机构应根据高速公路系统的整体安全需求,制定出一系列具体的安全要求,这些要求需涵盖网络架构、系统设计、数据保护、访问控制等多个方面。片区中心(路段中心)需在省级管理机构的安全要求基础上,结合自身的业务特点和实际情况,进一步细化和完善安全要求,确保各项安全措施能够得到有效落实。明确各级系统的安全要求,不仅能够增强整个高速公路系统的安全防护能力,还能够提高各级机构的安全管理水平和员工的安全意识。

3. 为信息安全防护提供总体指导

分层次的安全策略体系不仅为各级机构提供了具体的安全要求，更为整个高速公路系统的信息安全防护提供了总体指导。这一体系通过省级管理机构和片区中心（路段中心）的紧密配合，形成一个上下联动、协同作战的安全防护网络。在这个网络中，各级机构都能够清晰地了解自己的安全职责和任务，知道如何根据安全策略来部署和实施安全措施。同时，这一体系还通过定期的安全评估、审计和更新机制，确保安全策略能够与时俱进，有效应对不断变化的安全威胁。因此，分层次的安全策略体系不仅是高速智慧化建管养中信息安全防护的重要基石，更是推动整个高速公路系统信息安全水平不断提升的关键力量。

（二）安全组织体系

1. 构建信息安全组织框架

在高速智慧化建管养的宏大背景下，为了有效应对日益复杂多变的信息安全威胁，构建一个健全且高效的信息安全组织框架显得尤为重要。这一框架应涵盖从高层管理到基层执行的全方位层级，确保信息安全工作能够自上而下地顺利推进。框架的顶层是信息安全领导小组，由高层管理人员组成，负责制定信息安全战略方向，审批信息安全政策和重大决策。领导小组须定期召开会议，评估信息安全状况，及时调整战略，以适应不断变化的威胁环境。紧接着是信息安全管理部门，作为信息安全工作的核心执行机构，它负责具体实施信息安全策略，包括制定详细的规章制度、操作流程，以及监督执行情况。此外，该部门还负责信息安全培训，提升全员安全意识，确保各项安全措施得到有效执行。在基层层面，设立信息安全专员或小组，他们直接参与日常的信息安全管理工作，如系统维护、漏洞扫描、事件响应等。这些专员或小组与信息安全管理部门保持紧密沟通，及时上报安全隐患，协助处理安全事件，形成上下联动、快速响应的信息安全管理机制。

2. 明确信息安全职责与权限

在高速智慧化建管养的信息安全组织体系中，明确各级信息安全组织的职责和权限是确保信息安全工作高效运行的关键。信息安全领导小组作为最高决策层,其职责在于确立信息安全目标,制定长期规划,以及监督信息安全管理体系的整体运行。他们需对信息安全策略进行定期审查,确保其与业务发展相匹配,同时负责协调跨部门的信息安全合作,形成统一的信息安全防线。信息安全管理部门承担着更为具体的管理职责,包括制定和执行信息安全政策、标准和流程,组织信息安全培训,以及进行定期的安全审计和风险评估。该部门还需负责建立和维护信息安全事件响应机制,确保在发生安全事件时能够迅速响应,有效处置。此外,信息安全管理部门还负责与其他部门合作,推动信息安全措施在各业务领域的落地实施。但对于基层的信息安全专员或小组而言,他们的职责更加侧重于日常的信息安全管理操作,如监控系统安全状况,及时发现并报告安全漏洞,参与安全事件的初步处理,以及协助完成信息安全管理部门下达的各项任务。明确各级信息安全组织的职责和权限,不仅增强了信息安全管理的针对性和有效性,还促进了组织内部的信息安全协同合作,共同构建起一道坚不可摧的信息安全屏障,为高速智慧化建管养的顺利推进保驾护航。

(三)安全技术体系

1. 多元安全技术融合构建全面防护网

在高速智慧化建管养的复杂环境中,信息安全防护体系依托一系列先进且多元的安全技术,形成一道坚不可摧的防护网。防火墙作为这道防护网的第一道防线,通过设定严格的访问控制策略,有效阻挡来自外部网络的非法入侵和恶意攻击,确保系统边界的安全。防病毒技术通过实时监测和扫描系统内的文件、邮件等,及时发现并清除潜藏的病毒和恶意软件,防止其对系统造成破坏或数据泄露。入侵检测技术作为一道重要的补充防线,能够实时侦听网络数据流,分析并识别出潜在的攻击行为,及时发出警报并采取相应措施,有效抵御各类网络攻击。除了上述基础安全技术外,系统漏洞的扫描和修复也是信息安全防护体系中不可或缺的一环。通过定期使用专业的漏洞扫描工具,对系统进行全面的漏洞检测,及时发现并报告存在的安全漏洞。随后,根据漏洞的严重性和影响范围,制订详细的修复计划,并尽快进行修复,以防止黑客利用这些漏洞进行攻击。这一过程的持续进行,能够显著提升系统的整体安全性,降低被攻击的风险。

2. 数据加密技术确保信息安全无虞

在高速智慧化建管养中,敏感数据的安全传输和存储是信息安全防护体系中的重中之重。为了确保数据在传输过程中的安全性,需采用先进的加密技术,如 SSL/TLS 协议,对传输的数据进行加密处理。这样即使数据在传输过程中被截获,黑客也无法轻易解读其中的内容,从而有效保护数据的机密性。同时,在数据存储方面,也需采用加密技术,如 AES、RSA 等,对敏感数据进行加密存储,确保数据在静止状态下同样安全无虞。此外,为了进一步增强数据的安全性,还应建立严格的数据访问控制机制。通过设定不同级别的访问权限,确保只有经过授权的用户才能访问相应的数据。同时,对数据的操作行为进行记录和审计,以便在发生安全事件时能够迅速追溯和定位问题。这些措施的共同实施,能够构建起一道严密的数据安全防护网,确保高速智慧化建管养中的信息安全得到全面保障。

(四)安全运维体系

1. 构建信息安全运维体系,筑牢高速智慧化安全防线

在高速智慧化建管养的过程中,为了确保信息系统的稳定运行和数据的安全传输,必须建立一套完善的信息安全运维体系。这一体系涵盖了安全体系的推广与落实、项目工程建设的安全管理、安全风险管理以及安全维护等多个方面,旨在全面保障高速公路信息化系统的安全。安全体系的推广与落实是信息安全运维体系的基础。通过制定明确的信息安全政策和规范,确保所有相关人员都能充分理解和遵守。同时,加强安全培训,提高员工的安全意识和技能水平,形成全员参与、共同维护信息安全的良好氛围。在项目工程建设阶段,将安全管理融入每一个环节,从设计、施工到验收,严格把控安全风险,确保工程的安全可靠。而安全风险管理是信息安全运维体系的核心。通过对信息系统进行全面的安全风险评估,识别出潜在的安全威胁和薄弱环节。针对这些风险,制定相应的风险应对措施和预案,确保在风险发生时能够迅速响应、有效处置。同时,建立风险监测和报告机制,实时跟踪风险状况,为决策层提供及时、准确的安全信息。

2. 强化安全维护,持续提升信息安全防护能力

安全维护是信息安全运维体系的重要组成部分,也是保障信息系统长期安全运行的关键。相关人员定期对信息系统进行安全检查和维护,及时发现并修复安全漏洞,确保系统的稳定性和安全性。同时,加强对安全设备的维护和管理,确保其正常运行和有效防护。除了日常的安全维护外,还需要建立应急响应机制,以应对突发的安全事件。制定详细的应急预案,明确应急响应的流程、责任人和联系方式,确保在应急事件发生时,能够迅速启动预案,组织力量进行处置,最大限度地减少损失和降低影响。为了持续提升信息安全防护能力,还需要不断学习和借鉴先进的安全技术和管理经验,关注信息安全领域的最新动态和趋势,及时将新技术、新方法应用到实际工作中。同时,加强与外部安全机构的合作与交流,共同提升信息安全防护水平,为高速公路的智慧化建管养提供坚实的安全保障。

二、高速智慧化建管养中,信息安全防护体系的实施

(一)加强信息安全基础设施建设

1. 强化基础设施物理安全,是构筑信息安全的基石

在高速智慧化建管养信息安全防护体系的实施过程中,基础设施的物理安全是首要考虑的因素。网络设备、安全设备等作为信息系统的核心组成部分,其物理安全直接关系到整个系统的稳定运行和数据安全。因此,必须采取有效措施,确保这些基础设施免受物理破坏、盗窃或非法访问的威胁,这就需要加强对网络设备、安全设备所在环境的监控和管理。部署先进的监控设备,如摄像头、传感器等,实时监控设备周围的环境变化,及时发现并处理潜在的安全隐患。同时,建立严格的访问控制机制,限制无关人员进入设备区域,确保只有经过授权的人员才能接触和操作这些设备。此外,还应定期对基础设施进行物理安全检查和评估,及时发现并修复存在的安全漏洞。通过加固设备机房、安装防盗门窗、设置防火防水设施等措施,进一步提高基础设施的物理安全防护能力,为信息安全防护体系奠定坚实的基础。

2. 建立完善数据备份机制,确保数据安全无忧

在高速智慧化建管养过程中,为了确保数据在遭遇攻击或故障时能够迅速恢复,必须建立完善的数据备份与恢复机制。这一机制应涵盖数据的定期备份、异地备份以及灾难恢复计划等多个方面。定期备份是数据备份机制的基础。通过设定合理的备份周期和策略,确保数据在关键时刻能够得到及时备份。同时,异地备份也是必不可少的一环。通过将数据备份到不同地理位置的存储设备上,即使本地数据遭受破坏或丢失,也能迅速从异地备份中恢复数据,确保业务的连续性。此外,还应制订详细的灾难恢复计划。这一计划应明确在遭遇不同级别的灾难时,数据恢复的具体流程、责任人和所需资源。通过定期演练和测试灾难恢复计划,确保其有效性和可操作性,为数据安全提供有力保障。

3. 加强数据恢复能力,提升信息安全防护水平

在数据遭受破坏或丢失时,能够迅速、准确地恢复数据,对于减少损失、保持业务连续性具有重要意义。为实现这一目标,应加强对数据恢复技术的研发和应用。引入先进的数据恢复工具和技术,提高数据恢复的效率和准确性。同时,建立专业的数据恢复团队,培养具备丰富经验和专业技能的数据恢复人员,确保在数据恢复过程中能够迅速响应、有效处置。此外,还应加强与外部数据恢复服务商的合作与交流。通过共享资源、技术和经验,共同提升数据恢复能力,为信息安全防护体系提供更加全面、有力的支持。通过这些措施的实施,我们可以有效提升信息安全防护水平,确保高速智慧化建管养过程的顺利进行。

(二)实施信息安全访问控制

1. 访问控制机制的建立

在高速智慧化建管养的信息安全防护体系构建中,实施严格的访问控制是确保系统资源安全的关键一环。通过建立一套完善的访问控制机制,能够精确控制谁可以访问哪些资源,以及在何时、以何种方式访问。这一机制基于对用户身份的严格验证,确保只有经过授权的用户才能进入系统,访问特定的数据或执行特定的操作。这不仅有效防止了非法用户的入侵,也避免了内部用户因权限不清而导致的误操作或数据泄露风险。

2. 身份认证技术的应用

身份认证是访问控制机制中的核心组成部分。它通过对用户身份的验证,确保只有合法的用户才能访问系统。在高速智慧化建管养的信息系统中,身份认证技术通常采用多因素认证方式,结合密码、生物特征、硬件令牌等多种认证手段,提高认证的安全性和可靠性。此外,系统还会对用户登录行为进行实时监控,一旦发现异常登录尝试,如多次密码输入错误,系统会立即触发报警机制,并采取相应的防御措施,如锁定账户、通知管理员等,从而有效防止非法用户的入侵。

3. 权限管理的精细化设计

权限管理是实现访问控制的一种重要手段,它通过对用户权限的精细划分,确保用户只能访问其职责范围内的资源。在高速智慧化建管养的信息系统中,权限管理通常采用基于角色的访问控制(RBAC)模型,根据用户的工作职责和角色,为其分配相应的权限。同时,系统还支持权限的动态调整,当用户角色发生变化时,其权限也会相应调整,确保权限管理的及时性和准确性。此外,系统还提供了权限审计功能,能够记录用户对系统资源的访问情况,为安全事件的追溯和调查提供有力支持,从而有效防止越权访问和数据泄露的发生。

(三)强化信息安全监控与审计

1. 全面监控是构建信息安全防护的铜墙铁壁

在高速智慧化建管养的信息安全防护体系实施过程中,建立完善的监控机制是确保系统安全稳定运行的关键一环。这一机制需覆盖系统的每一个角落,对系统的运行状态进行实时、全面的监控。通过部署先进的监控工具,如网络流量监控、系统性能监控、安全事件监控等,能够实时捕捉系统的各项关键指标,及时发现潜在的异常和威胁。同时,监控机制还需对用户的操作行为进行细致入微的记录,包括登录时间、操作内容、访问资源等,以便在必要时进行追溯和分析。这种全面监控的实施,不仅能够及时发现并处理系统内部的异常行为,如未经授权的访问尝试、恶意软件的运行等,还能够有效防范外部攻击,如 DDoS 攻击、SQL 注入等。通过实时监控和快速响应,能够确保系统在遭受攻击或出现异常时,迅速采取措施进行防御和修复,从而保障系统的连续性和稳定性。此外,全面监控还能够为系统的优化和升级提供有力的数据支持,帮助管理员更好地了解系统的运行状况,提高系统的整体性能和安全性。

2. 深度审计是挖掘信息安全隐患的利器

在高速智慧化建管养的信息安全防护体系中,审计机制同样占据着举足轻重的地位。定期对监控和审计日志进行深入的分析,是发现并处理异常行为的重要手段。通过审计,可以挖掘出那些隐藏在海量数据中的异常模式,如频繁的登录失败尝试、异常的数据传输量等,这些异常模式往往是安全事件的先兆。审计机制的实施,不仅能够帮助管理员及时发现并处理已知的安全问题,还能够通过数据分析,预测和防范潜在的安全风险。同时,审计结果还可以为系统的安全策略的制定和调整提供有力的依据,确保安全策略的有效性和针对性。此外,审计机制还能够促进用户行为的规范化,通过对用户操作行为的记录和审计,引导用户遵守安全规定,减少人为因素导致的安全风险。因此,深度审计是挖掘信息安全隐患、提升系统安全性的重要利器。

(四)信息安全应急响应与处置

1. 制定信息安全应急预案,明确应急响应流程

在高速智慧化建管养信息安全防护体系的实施过程中,应急预案是应对信息安全突发事件的重要依据,它明确了在事件发生时,应如何迅速、有效地进行应急响应和处置。制定信息安全应急预案需要全面分析可能面临的信息安全威胁和风险,包括网络攻击、数据泄露、系统故障等,针对这些威胁和风险,制定详细的应急响应流程和处置措施。应急响应流程应包括事件报告、初步分析、应急启动、处置实施、后续跟踪等环节,确保在事件发生时能够有条不紊地进行应对。其中,处置措施则应根据不同类型的事件进行具体化设计,如对于网络攻击事件,应明确如何隔离攻击源、修复系统漏洞、恢复网络服务等;对于数据泄露事件,应明确如何追溯泄露源头、评估泄露影响、通知相关方等。

并且,应急预案的制定还需要考虑与其他相关预案的衔接和协调,如与业务连续性计划、灾难恢复计划的关联,确保在信息安全事件发生时,能够与其他应急响应机制形成合力,共同应对挑战。

2.定期组织信息安全应急演练,提升信息安全应急响应与处置能力

应急演练是检验应急预案有效性和可操作性的重要手段,也是提高应急响应团队协同作战能力的重要途径。在应急演练中,应模拟真实的信息安全事件场景,按照应急预案的流程和措施进行实战演练。演练过程中,要注重观察应急响应团队的反应速度、处置效率和协同配合情况,及时发现并纠正存在的问题和不足。通过定期的应急演练,不仅可以熟悉应急预案的流程和措施,提高应急响应的熟练度和准确性,还可以增强团队成员之间的默契和协作能力,提升整体应急响应和处置水平。同时,应急演练也是对信息安全防护体系的一次全面检验,可以帮助发现体系中存在的薄弱环节和潜在风险,为后续的改进和完善提供有力支持。

第三节 信息安全管理制度的完善与执行

一、高速智慧化建管养中,信息安全管理制度的完善

(一)明确信息安全职责,强化全员安全意识

1.确立信息安全目标,引领安全方向

在高速智慧化建管养的信息安全管理中,首要任务是确立清晰、具体的信息安全目标。这些目标需紧密围绕保护数据安全、维护系统稳定、防范外部攻击等核心需求,为整个信息安全管理工作提供明确的指引。通过设定如"确保敏感数据不被非法访问""系统稳定运行无中断"等具体目标,能够使得各级管理人员和员工对信息安全工作的重点有了直观的认识。同时,这些目标还需与公司的整体战略和业务目标相契合,确保信息安全工作能够为公司的发展提供有力支撑。

2. 阐明信息安全原则,规范安全行为

在确立了信息安全目标后,接下来需要阐明一系列信息安全原则,以规范各级管理人员和员工的安全行为。这些原则应涵盖数据的保密性、完整性、可用性等多个方面,确保在处理、存储和传输信息时都能遵循最高的安全标准。例如,最小权限原则要求每个用户只能获取完成工作所必需的最小权限,以减少潜在的安全风险;定期审计原则则强调对系统安全状况进行定期检查和评估,及时发现并处理安全隐患。通过这些原则的阐明,能够使全体员工在日常工作中时刻保持警惕,自觉遵守安全规定。

3. 明确信息安全责任,强化安全意识

为了确保信息安全管理制度的有效执行,必须明确各级管理人员和员工的信息安全责任。这包括从高层管理者到一线员工的每一个人,都需要清楚自己在信息安全方面的具体职责和义务。例如,高层管理者需负责制定和审批信息安全策略,确保公司层面的安全方向正确;而一线员工则需严格遵守安全操作规程,确保在日常工作中不出现安全漏洞。通过明确责任,能够使得全体员工都意识到信息安全的重要性,从而自觉地将安全意识融入日常工作中,共同维护公司的信息安全。同时,还需建立相应的奖惩机制,对遵守安全规定的员工给予表彰和奖励,对违反安全规定的员工进行处罚,以此进一步强化全员的安全意识。

(二)建立详细的安全操作规程

1. 安全操作规程的主要内容

在高速智慧化建管养的信息安全管理中,细化安全操作规程是确保系统安全的基石。面对复杂多变的系统环境和日益严峻的安全威胁,仅仅依靠宏观的安全政策和管理制度是不够的,必须深入到系统的每一个组成部分和操作环节,制定具体、详尽的安全操作规程。这些规程应涵盖从系统登录、数据访问、操作执行到系统维护的每一个环节,确保每一步操作都有明确的安全指导和规范。通过细化安全操作规程,可以实现对系统操作的精细化控制,有效防止因操作不当或疏忽而导致的安全事件。同时,详细的安全操作规程也为员工提供了清晰的操作指南,帮助他们更好地理解和执行安全要求,提高整体的安全操作水平。此外,规程的制定还有助于发现和弥补系统中的安全漏洞,通过不断完善规程,可以逐步提升系统的安全防护能力。

2. 安全操作规程的制定与执行

在制定安全操作规程时,应充分考虑系统的特点和业务需求,确保规程的适用性和可操作性。这就需要对系统进行全面的安全分析,识别出潜在的安全风险和威胁,然后针对这些风险和威胁,制定相应的安全操作措施。这些措施应包括操作前的安全检查、操作过程中的安全控制以及操作后的安全审计等方面,确保整个操作过程都符合安全要求。制定完成后,安全操作规程的执行同样至关重要。各级信息安全组织应加强对员工的培训和教育,确保他们熟悉并理解规程的内容和要求。同时,还应建立相应的监督机制,对规程的执行情况进行定期检查和评估,及时发现和纠正违规行为。通过严格的执行和监督,确保安全操作规程得到有效落实,为高速智慧化建管养的信息安全提供有力保障。

(三)开展信息安全培训

1. 信息安全培训的内容与方法

信息安全培训的内容应涵盖信息安全的基础知识、法律法规、操作规范以及最新的安全威胁和防御技术。基础知识培训可以让员工了解信息安全的基本概念、原则和方法;法律法规培训能让员工明确自己的法律责任和义务,确保在信息处理过程中遵守相关法律法规;操作规范培训针对具体的信息系统,教授员工如何正确、安全地操作;最新的安全威胁和防御技术培训,则能让员工及时了解信息安全领域的新动态,提高应对新威胁的能力。在培训方法上,应采用多种形式相结合,如线上课程、线下讲座、实操演练等。线上课程方便灵活,员工可以根据自己的时间安排和学习进度进行自主学习;线下讲座可以邀请信息安全专家进行面对面交流,解答员工在实际工作中遇到的问题;实操演练则能让员工在模拟环境中进行安全操作,提高实际操作能力。

2. 信息安全培训的持续改进

信息安全培训的效果评估是确保培训质量的重要环节。通过定期考核、问卷调查、实操测试等方式,可以对员工的安全意识和操作技能进行全面评估,了解培训的实际效果。同时,根据评估结果,可以及时发现培训中存在的问题和不足,为后续的改进提供依据。而持续改进是信息安全培训的长期目标。信息安全领域的技术和威胁在不断更新变化,因此培训内容和形式也需要与时俱进。通过定期更新培训教材、引入新的培训方法和技术手段、加强与实际工作的结合等方式,可以确保信息安全培训始终保持其先进性和实用性。同时,鼓励员工积极参与信息安全的学习和交流活动,形成良好的学习氛围和文化氛围,共同推动信息安全管理制度的不断完善和信息安全防护能力的持续提升。

二、高速智慧化建管养中,信息安全管理制度的执行

(一)建立监督机制

在高速智慧化建管养的信息安全管理中,建立监督机制是确保各项安全制度得到有效执行的关键。这一机制的核心在于设立专门的信息安全监督机构或岗位,这些机构或岗位将承担起对系统安全状况进行定期检查和评估的重任。通过定期的安全检查,可以及时发现系统中存在的安全隐患和漏洞,从而迅速采取措施进行修复。同时,评估工作能够衡量各项安全制度在实际操作中的执行效果,对于执行不力或存在问题的环节,可以及时进行调整和优化。这种监督机制不仅增强了员工对安全制度的重视程度,还确保了整个信息安全管理体系的持续优化和改进,为高速智慧化建管养的信息安全提供了坚实的保障。

(二)加强日志管理,及时发现并处理异常

在高速智慧化建管养系统中,系统的运行日志和用户操作日志是记录系统运行状态和用户行为的重要数据。通过对这些日志进行详细记录和管理,可以实现对系统运行的全面监控。定期审计和分析日志数据,能够及时发现系统中的异常行为,如未经授权的访问尝试、数据泄露风险等。一旦发现异常,安全团队可以迅速响应,采取必要的措施进行处置,从而有效防止安全事

件的发生。此外,日志管理还为后续的安全事件调查提供了有力的证据支持,有助于追溯安全事件的原因和责任,进一步提升系统的安全性。

(三)实施访问权限管理,严控资源访问

在高速智慧化建管养系统中,由于涉及大量的敏感数据和关键业务,因此必须严格控制对系统资源的访问。通过实施严格的访问权限管理,可以确保只有经过授权的用户才能访问特定的系统资源,从而有效防止未经授权的访问和泄露。这包括对用户身份的严格验证、对访问权限的精细划分以及对访问行为的实时监控。同时,还需要定期对访问权限进行审查和更新,确保权限的分配与用户的实际职责和需求相匹配。通过这种严格的访问权限管理,可以大大降低系统遭受内部威胁的风险,保障系统的安全稳定运行。

(四)定期升级安全措施,应对不断变化的安全威胁

在高速智慧化建管养中,为了应对日益复杂和多变的安全威胁,必须定期对现有的安全措施进行评估和升级。这包括更新安全软件、修复已知的安全漏洞、采用更先进的加密技术等。同时,还需要密切关注行业内的安全动态和最新的安全威胁信息,以便及时调整和优化安全策略。通过定期升级安全措施,可以确保系统始终保持在最新的安全状态,有效抵御各种新型的安全攻击和威胁。这种持续的安全改进和升级,是保障高速智慧化建管养信息安全的重要途径。

第四节 信息安全事件的应急响应与处置流程

一、信息安全事件发现与初步评估

(一)事件发现

在高速智慧化建管养的复杂环境中,信息安全事件的及时发现是确保系统安全的第一道防线,因此必须构建一套全面且高效的监测机制。安全设备

日志是这一机制的重要组成部分,它记录了系统中各种安全设备的运行状态和关键事件,为安全团队提供了宝贵的分析素材。通过实时分析这些日志,可以迅速识别出任何异常或可疑行为,从而及时做出反应。除了安全设备日志外,异常报警系统也发挥着至关重要的作用。这套系统能够自动检测网络流量、系统资源使用等关键指标的异常变化,并在发现异常时立即触发报警。这种实时报警机制能够大大缩短事件发现的时间,为后续的应急响应赢得宝贵时间。同时,用户举报也是事件发现的重要途径。鼓励用户积极举报遇到的任何安全问题或可疑行为,可以进一步拓宽事件发现的渠道。用户作为系统的直接使用者,往往能够第一时间感知到系统的异常变化,他们的反馈对于及时发现并处理信息安全事件具有重要意义。

(二)初步评估

如果发现信息安全事件,初步评估便成为接下来工作的关键。这一步骤旨在通过对事件的详细分析,确定其性质、严重程度和危害范围,从而为后续的应急响应决策提供依据。在初步评估过程中,首先需要确认事件的性质。这包括判断事件是属于网络攻击、数据泄露、系统故障还是其他类型的安全事件。通过深入分析事件的具体表现和行为特征,可以更加准确地确定事件的性质,为后续的处理工作指明方向。其次,需要评估事件的严重程度和危害范围。这包括分析事件对系统稳定性、数据安全性以及业务连续性的影响程度。通过综合考虑事件的扩散速度、影响范围以及可能造成的后果,可以更加全面地了解事件的危害程度,为制定应急响应策略提供重要参考。最后,根据初步评估的结果,需要判断是否需要启动应急响应流程。如果事件性质严重、危害范围较广,且可能对系统造成重大损失,那么就必须立即启动应急响应流程,采取果断措施遏制事件的进一步发展。反之,如果事件性质较轻、危害范围有限,那么可以采取相对缓和的措施进行处理,避免过度反应带来的不必要损失。

二、信息安全应急响应团队组建与报告

(一)团队组建

在高速智慧化建管养的复杂环境中,信息安全事件的突发性和破坏性要求必须具备迅速响应和有效处置的能力。为此,组建一支高效、专业的信息安全应急响应团队至关重要。这支团队应涵盖多个关键角色,以确保在信息安全事件发生时,能够从技术、管理、法律等多个维度进行全面应对。团队的核心成员包括安全专家,他们负责事件的技术分析、威胁评估及解决方案的制定;系统管理员,他们熟悉系统架构和操作流程,能够快速定位问题并采取初步控制措施。此外,根据实际需要,团队还可能包括公关人员、业务代表等其他专业人员,以形成全方位的应急响应体系。每个团队成员都需明确自己的职责和权限,确保在事件发生时能够迅速进入角色,高效协作。同时,团队还应建立有效的沟通机制,确保信息在团队内部及时、准确地传递,为快速响应和处置信息安全事件提供有力保障。通过定期培训和演练,不断提升团队的应急响应能力和专业素养,确保在关键时刻能够迅速、有效地应对信息安全挑战。

(二)事件报告与信息传递

在高速智慧化建管养的信息安全应急响应中,事件报告是连接应急响应团队与相关管理人员、决策层的重要桥梁。一份完整、准确的事件报告能够迅速传达事件的严重性和紧迫性,为后续决策和行动提供有力支持。事件报告应包含事件的初步鉴定结果,包括事件类型、发生时间、影响范围等基本信息,以便管理人员快速了解事件概况。同时,报告还需详细描述事件的具体情况,包括事件发生的背景、触发因素、攻击手段等,为分析事件原因和制定应对措施提供重要依据。此外,报告还应包括可能造成的损失评估,包括直接经济损失、数据泄露风险、业务中断影响等,以便管理人员全面评估事件的严重性和潜在影响。在报告结尾部分,应提出初步的应对措施和建议,为后续的应急响应工作提供指导。为了确保报告的及时性和准确性,应急响应团队应建立快

速报告机制，明确报告流程和责任人。同时，还应加强与相关管理人员、决策层的沟通协作，确保报告内容能够得到有效理解和重视。通过不断完善事件报告机制，提升信息安全应急响应的效率和效果，为高速智慧化建管养的信息安全保驾护航。

三、信息安全事件调查与诊断

（一）相关信息收集

在高速智慧化建管养的信息安全管理体系中，信息安全事件的调查与诊断是至关重要的一环。而相关信息收集则是这一过程的起点，它要求在事件发生后，迅速且全面地收集与分析事件相关的各类信息，为后续的调查与诊断奠定坚实基础。信息收集工作应围绕事件发生的时间、地点、涉及的系统、设备以及人员等多角度展开。这就需要精确记录事件发生的时间，这有助于我们追踪攻击者的行动轨迹，分析攻击的时间节点和可能的动机。并且攻击路径的梳理至关重要，需要充分了解攻击者是如何突破系统防护，逐步侵入内部网络的。这包括攻击者利用的漏洞、入侵的入口点，以及在内网中的移动轨迹等。此外，对攻击者行为的深入分析也是必不可少的，这包括他们使用的攻击工具、执行的命令、试图访问的数据等，这些信息将为我们揭示攻击者的真实意图和目的。在信息收集过程中，还需要关注事件的外部影响因素，如网络环境的异常、安全漏洞的公开情况，以及近期类似事件的频发等。这些因素都可能为事件的发生提供线索，帮助我们更全面地了解事件背景，从而更准确地追溯事发原因。

（二）调查与诊断

调查工作需从多个角度展开，包括对系统日志的分析、对设备配置的核查、对人员操作的审查等。系统日志是记录系统运行状况的重要文件，通过仔细分析日志中的异常记录，我们可以发现攻击者的蛛丝马迹，甚至直接定位到被攻击的系统或设备。设备配置的核查是为了确认系统是否存在配置错误或安全漏洞，这些错误或漏洞往往成为攻击者利用的突破口。同时，对人员操作的审查也是必不可少的,因为人为失误或恶意行为同样会导致信息安全事件的发生。在调查过程中,还需要利用专业的安全工具和技术手段,对事件进行深入的技术分析,包括对网络流量的监测、对恶意代码的解析、对系统漏洞的扫描等。通过这些技术手段,可以更准确地诊断事件原因,评估事件的影响范围和程度,为后续的应急响应和处置工作提供有力支持。

四、信息安全事件控制与抑制

(一)隔离与保护

在高速智慧化建管养的信息安全领域,面对突如其来的信息安全事件,隔离与保护是至关重要的应对措施。隔离的目的在于迅速切断事件扩散的途径,防止其像病毒一样在系统或网络中蔓延,造成更大的损失。当发现某个系统或网络遭受攻击或出现异常时,应立即将其从整体网络中隔离出来,确保攻击者无法进一步利用该系统或网络作为跳板去攻击其他部分。保护则侧重于对重要数据和资产的安全防护。在隔离的同时,要对这些关键数据和资产进行额外的安全加固,比如加密存储、访问控制、备份保护等。要确保即使攻击者突破了某些防护,也无法轻易获取或破坏这些核心资源。此外,对于与受影响系统有数据交换的其他系统,也要进行风险评估,并根据需要采取相应的保护措施,以防止数据泄露或污染。隔离与保护的实施需要迅速而准确。这要求信息安全团队具备高度的应急响应能力和专业的技术知识,能够在第一时间识别问题、定位源头,并采取有效的隔离和保护措施。同时,还需要与相关部门和人员紧密协作,确保信息的及时传递和行动的协调一致,共同筑起一道坚固的安全屏障。

(二)抑制措施实施

在隔离与保护的基础上,针对信息安全事件的性质和严重程度,还需要采取进一步的抑制措施,以彻底遏制事态的发展。这些抑制措施应基于对事件的深入分析和诊断,确保对症下药、精准施策。对于由恶意攻击引起的事件,如网络入侵、病毒传播等,应立即封锁攻击来源,阻止攻击者的进一步行动。

第八章 高速智慧化建管养中的信息安全保障

这可以通过配置防火墙规则、更新安全策略、封锁恶意 IP 地址等方式实现。同时,要对受影响的系统进行全面的安全检查和修复,确保所有漏洞都得到了妥善处理。对于由系统故障或人为失误引起的事件,如数据泄露、服务中断等,应迅速停止相关的异常业务流程,防止问题进一步扩大。这可能需要暂停部分服务、回滚系统版本、恢复数据备份等。在此过程中,要确保与业务部门的紧密沟通,确保抑制措施的实施不会对业务造成过大的影响。抑制措施的实施需要谨慎而果断。既要确保措施的有效性,又要尽量避免对正常业务造成不必要的干扰。这要求信息安全团队不仅要具备专业的技术知识,还要具备良好的决策能力和沟通协调能力,以确保在复杂多变的信息安全环境中,能够迅速而准确地应对各种挑战。

参 考 文 献

[1]李浩,等.高速公路智慧化建管养体系设计与实践[M].北京:人民交通出版社股份有限公司,2022.

[2]曲晓黎.高速公路交通气象服务技术及应用[M].北京:气象出版社,2022.

[3]周洪文,董德全.山区高速公路项目管理工程实践[M].北京:人民交通出版社股份有限公司,2021.

[4]褚春超,等.高速公路建设投资及路衍经济开发[M].北京:人民交通出版社股份有限公司,2023.

[5]刘建蓓,王佐,许甜.高速公路运行风险智能管控技术及应用[M].上海:上海科学技术出版社,2023.

[6]何勇海.车路云网一体化智慧高速公路成套技术及场景应用[M].北京:电子工业出版社,2023.

[7]周勇.山东智慧高速公路探索与实践[M].北京:人民交通出版社股份有限公司,2022.

[8]刘勇,杨宏志,孟超,等.高速公路生态景观设计与评价方法研究[M].北京:中国水利水电出版社,2022.

[9]鞠金荧,赵欣,陈亚振.高速公路改扩建交通组织研究与设计[M].武汉:武汉理工大学出版社,2022.

[10]薛志超,等.基于多源数据的高速公路交通安全分析与评价[M].北京:中国财政经济出版社,2022.

[11]李淑琴,周兴荣,郭继侠.高速公路建设单位财务管理与审计监督[M].北京:中国财政经济出版社,2022.

[12]韩奕波,张小旺,胡冉,等.高速公路运营企业应急预案体系及应用[M].郑州:黄河水利出版社,2022.

[13]李双祥.高速公路交通工程建设和养护管理研究[M].延吉:延边大学出版社,2022.

[14]盛刚,何培舟.高速公路称重技术探索与实践[M].北京:中国市场出版社有限公司,2021.

[15]汤明,章立峰,白家设,等.高速公路建设管理BIEM大数据云平台成套技术[M].长沙:中南大学出版社,2021.

[16]周黎明.高速公路全要素智能建造关键技术及其工程应用(乐西高速卷)[M].成都:西南交通大学出版社,2021.

[17]王志斌.高速公路安全风险预警管理技术与应用[M].北京:人民交通出版社股份有限公司,2021.

[18]吴冰,乔树勋,刁胜勇.高速公路施工大气污染防治技术指南[M].北京:科学出版社,2021.

[19]费伦林,狄小峰,徐立红.智慧高速公路关键技术与实践[M].北京:人民交通出版社股份有限公司,2020.

[20]李平,等.高速公路应急预案体系与编制方法[M].重庆:重庆大学出版社,2020.

[21]陈娇娜.大数据驱动下高速公路交通运行状态评价与分析[M].北京:中国石化出版社,2020.

[22]李伯殿,卢勇,饶和根,等.高速公路智慧管理与控制关键技术[M].北京:人民交通出版社股份有限公司,2020.

[23]田泽宇.高速公路路域经济评价指标分析与应用[M].北京:人民交通出版社股份有限公司,2020.

[24]刘文江,侯福金,赵然,等.高速公路特殊路段主动防冰除雪技术研究[M].北京:中国水利水电出版社,2020.

[25]邓树森,汤俊杰,许建腾.高速公路路面检测与养护研究[M].北京:北京工业大学出版社,2020.

[26]何永明,裴玉龙.超高速公路设计及运行特性研究[M].北京:科学出版社,2020.